COLEÇÃO SIGNOS
dirigida por Augusto de Campos

Supervisão editorial:
J. Guinsburg

Projeto gráfico e capa:
Sergio Kon

Edição de texto:
Iracema A. de Oliveira

Revisão de provas:
Bárbara Borges

Produção:
Ricardo W. Neves
Sergio Kon

AGAMÊMNON
de ÉSQUILO

TRAJANO VIEIRA
TRADUÇÃO, INTRODUÇÃO E NOTAS

Dados Internacionais de Catalogação na Publicação (CIP)
(Câmara Brasileira do Livro, SP, Brasil)

Agamêmnon de Ésquilo / tradução, introdução e notas Trajano
Vieira. – São Paulo: Perspectiva, 2017. – (Signos; 46 / dirigida
por Augusto de Campos)

1. reimpr. da 1 ed. de 2007
ISBN 978-85-273-0790-1

1. Crítica literária   2. Poesia grega – História e crítica   3.
Ésquilo. Agamêmnon – Crítica e interpretação   I. Vieira,
Trajano. II. Campos, Augusto de. III. Série.

07-4155   CDD-881.01

Índices para catálogo sistemático:

1. Poesia : Literatura grega antiga   881.01

1ª reimpr. da 1ª ed.
[PPD]

Direitos reservados à

EDITORA PERSPECTIVA LTDA.
Av.. Brigadeiro Luís Antônio, 3025
01401-000 São Paulo SP Brasil
Telefax: (11) 3885-8388

www.editoraperspectiva.com.br

2019

Sumário

7   POETA ORACULAR

17   CRONOLOGIA

21   AGAMÊMNON, DE ÉSQUILO

111   ΑΓΑΜΕΜΝΩΝ

Poeta Oracular

Diferentemente de Sófocles, cujos personagens e particularmente os coros manifestam introspecção solene, reflexão serena sobre os dissabores do destino e sobre a precariedade da experiência, Ésquilo tende ao conflito patético e contundente. Sua linguagem não traz a marca do distanciamento abstrato, mas da tensão. Por esta palavra entendo a apresentação direta, agônica e urgente do que causará a ruína dos personagens. Neles não há a consciência, de certo modo, apaziguadora do limite humano. É bastante conhecido o combustível que aciona a engrenagem do teatro esquiliano: a hereditariedade da culpa, ou, mais precisamente, da responsabilidade jurídica. Se o pai de Agamêmnon, Atreu, praticou um crime terrível contra o irmão Tieste, esta falta transformar-se-á em herança maldita, que explicará, em parte, o futuro assassinato do herói. Mas a equação não é mecânica, pois pode existir, como no caso de Agamêmnon, a sobreposição de culpa. O herói morre em decorrência da crueldade paterna e de sua decisão de sacrificar Ifigênia. E aqui nos deparamos com o segundo aspecto da culpabilidade dramática de Ésquilo, que deve merecer atenção especial, pois é dele que deriva o traço patético a que me referi: dois caminhos apresentam-se ao rei, sobre os quais ele raciocina. Se poupar Ifigênia, os gregos perderão a guerra; se perder a filha, os gregos alcançarão a vitória. Trata-se de uma aporia, e, como toda aporia, insolúvel, pois, qualquer que seja a decisão adotada, seu desdobramento será nefasto. As duas situações têm relação com funções distintas do personagem: a de líder responsável pelo contingente militar e a de pai particularmente ligado à filha. Função cívica e função familiar. Mas, convém frisar, qualquer que fosse sua escolha, o resultado seria catastrófico, pois, no âmbito da cultura grega, é impossível negociar ou discutir argumentos com os deuses. Os eternos não se interessam por questões de lógica. Em lugar delas, apreciam a prudência, a reserva e o comedimento, além das homenagens que lhes são prestadas. Tais atributos garantiriam às estirpes um destino favorável, segundo Ésquilo, neste sentido mais otimista do que Sófocles, para quem a dinâmica imprevisível do acaso seria incontornável:

> Diz a velha sentença, corrente entre os antigos:
> ao atingir o pico,
> a riqueza do homem se procria,
> estéril
> não fenece.
> A fortuna feliz
> dá à luz dor que não sacia na família.
> Mas, monopensativo,
> distancio-me da maioria:
> é o ato ímpio
> que deixa atrás de si
> a prole enorme,
> ícone da própria casta.
> A morada onde a justiça enrista-se
> é prolífera em belos filhos. Sempre.

Não se pode dizer, portanto, que Agamêmnon tenha se equivocado, já que a opção a seu ato seria igualmente funesta. Se você agir de um modo será ruim, se agir de outro será igualmente ruim. Mas há algo de intrigante nessa aporia. Se as duas opções são péssimas, se o autor apresenta o personagem avaliando se haveria saída menos danosa, por que, quando Agamêmnon opta pela morte da filha, sua ação é definida como fruto de um momento de insensatez? Confira-se o processo da tomada de decisão: o que se impõe, aquilo de que não se pode desviar, o imperativo, a força transcendente – qualquer que seja a tradução que queiramos dar para *ananke* (necessidade) – domina Agamêmnon. Essa necessidade altera seu estado de espírito, enturva-lhe o pensamento e instaura a loucura em seu ânimo. Para usar o linguajar de hoje, diríamos que existe um aspecto perverso na *ananke*, já que ela é responsável por uma condição (insanidade) de que não há a mais remota chance de se escapar. Somos induzidos a pensar que, se Agamêmnon tivesse feito a outra escolha, isto é, sacrificado o exército e poupado a filha, o mesmo tipo de processo teria se desencadeado. A loucura que o leva a agir é produto da imposição transcendente de que ele não poderia fugir. Esse paradoxo fundamenta a religiosidade esquiliana, confere-lhe o caráter enigmático e obscuro que perpassa os diferentes planos de sua dramaturgia. O paradoxo é algo imposto por uma força sobre-humana e, pelo menos no caso de quem carrega a maldição atávica, ele não passa de um efeito de linguagem, já que seu desdobramento é sempre pesaroso:

> Tão logo o necessário (*ananke*) o encilha,
> inspira a ímpia mutação de ânimo,
> nefanda e nefasta.
> E o pensar pleniaudaz
> transconhece.
> Sórdido conselheiro, protopenoso,
> o mísero frenesi
> instiga os perecíveis.

Encarregou-se do sacrifício da filha,
auxílio na guerra dos vingadores-de-fêmea,
rito prévio à navegação.

O que é característico em Ésquilo, e o que o difere de Sófocles,
é que, num momento de dificuldade como esse, o coro não intervém
com formulações sóbrias em que constata a fragilidade humana. Ou
ele caracteriza a forte tensão dramática das ações ou formula de maneira peremptória e breve, num tom que parece evocar o desvelamento
oracular, o significado dessas ações:

A pena mnemopesarosa
goteja, em vez do sono, frente ao coração,
e, a contragosto, a sensatez advém.

Há uma terceira função do coro, não menos importante que as
duas anteriores: oferecer ao leitor informações sobre o entrecho narrati-
vo. Isso não surge de maneira linear, mas alusiva e lacunar. As passagens
contrariam os corolários de coerência textual, realizam verdadeiros saltos,
introduzindo muitas vezes os personagens de maneira indireta. Veja-se,
por exemplo, como Menelau é mencionado nos seguintes versos:

Profetas do solar
soluçam as palavras:
"Ah! Palácio! Palácio e príncipes!
Leito e sendas filoadúlteras!
Ei-lo[1] sorumbático,
sem voz,
sem honra,
sem travo de ver só aos sem-coração.
Da nostalgia por uma transamarina

---

1   Referência a Menelau.

surge um fantasma
que se assenhora do solar.
Ao esposo horroriza
o charme dos belos contornos
da estatuária,
e, na ausência de pupilas,
se esvai, na íntegra, o afrodisíaco.

Ou, ainda, como o poeta alude à Ártemis, com um adjetivo substantivado de uso corrente em grego, *ha kalá* (a bela), a que se seguem duas metáforas desconcertantes (e barroquizantes), relativas aos filhotes tutelados pela deusa caçadora:

A Bela, tão magnânima
com o rocio inaudaz de leões febris
e amável com a bruma lácteovoraz
das crias
no universo das feras selvícolas,
reclama, para eles, a vigência dos signos.

Como se vê, com base no último trecho, a complexidade de Ésquilo não se deve apenas à ausência de linearidade, ao caráter aforístico das orações, ao tom inspirado de certas constatações. Também no plano lexical, como registro a seguir, o poeta exibe toda sua originalidade. Não é de estranhar, portanto, que os especialistas confessem algumas vezes a impossibilidade de esclarecer o sentido exato de certas passagens crípticas. Sobretudo nos coros, os versos de Ésquilo nos lembram os da chamada fase da loucura de Hoelderlin (não à toa, um filósofo, poeta e tradutor da envergadura de Jean-Pierre Faye propõe, no estudo introdutório à sua tradução de Hoelderlin, como epígrafe, o conhecido verso do poeta trágico: *hybris hybrin tiktei*: "violência engendra violência"[2]).

---

2   Jean-Pierre Faye, *Hölderlin-Poèmes*, L'Amourier, 2000, p.14.

Vamos recolhendo aqui e ali dados sobre os acontecimentos militares em Tróia e reconfigurando a história, que acaba por compor um mosaico radiante e opressivo. O sonho, ou melhor, a linguagem do sonho, no que ela possui de metonímica e deformante, é freqüentemente evocada pelo dramaturgo para definir a expressão verbal de suas próprias criaturas.

Essa característica verbal não se restringe aos coros, mas se estende também aos personagens, particularmente à Cassandra: muito do passado da dinastia atrida, nós ficamos sabendo por ela, uma vidente em estado de transe. É um ponto alto da peça, a invenção de uma linguagem que mimetiza a condição do possuído. A lógica linear é rompida por *flashes* que a adivinha comunica a um corifeu perplexo. Labirintos sintáticos, frases entrecortadas, brechas narrativas obrigam-na, quando solicitada pelos interlocutores, a retomar o discurso, normalmente de outro ângulo, o que resulta num todo dissonante (observe-se, aliás, que o vocabulário musical, justamente para caracterizar o "tom sem tom", está presente nesses contextos). Ésquilo reinventou o mito de Cassandra num ponto que julgo fundamental: segundo versões anteriores, por ter-se negado a manter relação sexual com Apolo, a sacerdotisa não conseguiria transmitir suas visões. A novidade no *Agamêmnon* é que ela efetivamente se imagina incapaz de comunicar suas previsões, mas o que transmite é exato. E o que produz o autodilaceramento de Cassandra é justamente o conflito entre a crença na impossibilidade de comunicação e a comunicação de previsões verdadeiras. Será difícil encontrar na tragédia grega outra personagem feminina que experimente uma tensão interna mais aguda que a da adivinha, que transmita de maneira tão explosiva a linguagem estilhaçada.

Outra particularidade, que contribui com o tom patético que permeia o texto, é o valor simbólico de certos elementos. O mais espetacular diz respeito à tapeçaria púrpura que Clitemnestra estende ao marido, em torno da qual se trava um diálogo áspero. O significado da passagem que a coloração sanguínea evoca é patente, embora a relutância do herói em pisar no rico tecido se deva à sua opulência, passível de provocar inveja divina. Seu receio faz sentido, mas por outro motivo, e é esse desconhecimento por parte de Agamêmnon que torna o episódio inesquecível. Mas há outras cenas cujo efeito dramático também deriva do valor simbólico de um objeto. Segundo Diógenes Laércio (DK 22 A 1), Heráclito teria quarenta anos de idade na 69ª Olimpíada, isto é, em 504-501 a.C. Ésquilo nasceu em 525 a.C. Não pretendo afirmar que o filósofo tenha exercido influência direta sobre o dramaturgo, mas é possível imaginar que a reflexão polarizada, a argumentação baseada em dados contrastantes, que vai além do pré-socrático *skoteinós* (obscuro), fundamentando a própria ciência grega nos seus primórdios, tenha despertado o interesse de Ésquilo. Como a púrpura do tapete de Clitemnestra, o fogo e a luz no início da peça têm a função ambígua de indicar a magnitude da proeza militar (vitória dos gregos em Tróia) e sugerir seu inverso, o futuro sinistro de Agamêmnon. Essa é uma interpretação possível para a presença marcante do fogo, designado como núncio. A mensagem rútila, cujo percurso é descrito numa fala de Clitemnestra, de difícil tradução devido ao acúmulo de palavras referentes ao campo semântico fogo/luz, traz outra informação implícita, porém mais verdadeira, relativa ao assassinato do herói. O fogo vela e desvela o sinistro, diria parafraseando Heráclito (ou, em sentido convergente, recordando o verso de Paul Valéry sobre o sol: "Ô roi des ombres fait de flamme!"). Outra passagem digna de lembrança, devido ao traço polarizado, é a do filhote de leão amável, que revela a têmpera ancestral destroçando o lar que o acolhera. A própria morte de Agamêmnon – líder máximo que encabeçou o exército helênico por uma década em Tróia – na banheira de seu palácio, golpeado três vezes por uma mulher (mulher viril, outro contraste acentuado por Ésquilo em diversos momentos), nos dá uma idéia clara do efeito dramático que um autor do quilate de Ésquilo tira de situações paradoxais.

Um escritor tão atento ao potencial simbólico das palavras não deixaria de explorar outras dimensões da linguagem poética. Não me refiro apenas à notável confluência retórica de tom grandiloqüente e construções enxutas e elípticas, mas à própria formação lexical. Isso ocorre não só no âmbito do que se imagina incomunicável, e que, por esse motivo, recebe configuração absolutamente particular, como no caso de Cassandra, mas também nos coros, de que são emblemáticas duas passagens apresentadas em seqüência, que os tradutores costumam deixar de lado: o conhecido comentário que Ésquilo faz do nome de Helena, associando-o ao verbo *heleîn* (deter, segurar), para criar três compósitos, *helenas, hélandros, heléptolis* (seqüestradora-de-navios, seqüestradora-de-homens, seqüestradora-de-cidades), que verti por "enleia-naus", "enleia-herói", "enleia-pólis", e a exploração da polissemia de *kedos*, a qual, novamente, cabe frisar, os tradutores desconsideram. Há pelo menos dois sentidos distintos para esse vocábulo, conforme registra o dicionário Bailly: a) preocupação, desgosto, pesar; b) parentesco por aliança, por matrimônio. É exatamente a partir dessa duplicidade semântica que Ésquilo considera o substantivo adequado (ortônimo) para definir a relação entre Helena e Páris. Em lugar de fugir ao desafio de verter a palavra e na impossibilidade de encontrar um correlato em português, mantive em itálico o termo grego e, em função apositiva, ecoando a dicção do *Finnegans Wake*, acrescentei: "amorgurante mortimônio". Outro composto que as traduções universitárias preferem deixar de lado diz respeito ao emprego obsceno que Clitemnestra faz de *histotríbes*, quando fala de Cassandra. O termo resulta da junção de *histos* (mastro) e *tribé* (ação de usar, consumir). Ora, é justamente o que teria sido, aos olhos da rainha assassina, a profetisa que acompanha seu marido: uma "descasca-mastro", ou, como preferi trasladar, uma "rala-mastro".

Meu intuito ao escrever este breve comentário é o de relativizar a leitura cronológica que às vezes se faz do teatro grego. Um drama como *Agamêmnon* apresenta aspectos extremamente originais do ponto de vista da linguagem e da construção cênica. É verdade que não encontramos nos coros a dicção controlada com que Sófocles elabora suas reflexões sobre o tempo, a natureza e o homem, mas isso não faz de Ésquilo um escritor menor que Sófocles ou mais arcaico. Seus recursos são outros e os resultados que alcança não são menos inovadores. Exuberância e discrição, grandiosidade e síntese, retórica do mais e do menos, labirinto verbal e fraseado cortante são traços de uma obra que continua a nos intrigar no que tem de enigmática e intensamente poética. O mistério deste drama parece estar na maneira labiríntica como sua linguagem se desdobra, no conjunto dissonante que contraria padrões convencionais de beleza. E os recursos poéticos do autor parecem inesgotáveis na configuração do estranho, em que as vísceras, posicionadas ao lado do diafragma, sede da justiça, podem, por exemplo, falar:

> Não é fútil a voz
> das vísceras
> em sua proximidade com o diafragma,
> sede da justiça,
> quando
> o coração circungira no vórtice
> perfazedor.

Versos que, de resto, poderiam ter saído da mesma pena que escreveu:

> Mas a linguagem –
> No trovão fala o
> Deus
> Às vezes eu possuo a linguagem
> e ela disse: a cólera baste e valha para Apolo —[3]

---

3   Friedrich Hoelderlin, *Fragmento 26*, tradução de Haroldo de Campos, em *A Operação do Texto*, Perspectiva, 1976, p. 101.

Cronologia (a.C.)

534 Pisístrato introduz a representação trágica nas festividades conhecidas como Grandes Dionísias, realizadas em honra do deus do vinho.

525/4 Nascimento de Ésquilo em Elêusis.

522 Inicia-se o reinado de Dario na Pérsia, que se estenderá até 486.

510 Expulsão do tirano Pisístrato de Atenas.

508-7 Clístenes reforma a consituição ateniense, dando-lhe carácter marcadamente democrático.

499 Revolta dos jônios contra o império persa.

498 Primeira produção dramática de Ésquilo.

496 Sófocles nasce no demo de Colono, Atenas.

494 Nascimento de Péricles.

490	Ésquilo participa da batalha em Maratona, onde perde o irmão Cinegiro. Os persas invadem a Grécia. Os atenienses derrotam os persas em Maratona.
485-4	Nascimento de Eurípides.
484	Ésquilo obtém sua primeira vitória trágica.
480	Presença provável do escritor na batalha de Salamina. Xerxes, rei da Pérsia, invade a Grécia.
479	Derrota persa em Platéia.
477	Atenas constitui a Liga Délia, aliança naval criada para proteger a Grécia dos persas.
476	Ésquilo viaja para a Sicília, a convite do tirano Híeron.
472	Com financiamento do jovem Péricles, a tragédia *Os Persas* recebe prêmio e Ésquilo ganha projeção como poeta trágico.
470 (469?)	Sócrates nasce.
468	Primeira vitória de Sófocles numa competição de tragédia, em que derrota Ésquilo.
467	Ésquilo obtém o primeiro prêmio com a trilogia *Sete contra Tebas*.
463-58	Fortalecimento do poder de Péricles em Atenas.
460 (ca.)	Nascimento do historiador Tucídides.
458	O poeta alcança sua última vitória com a trilogia *Orestéia* (*Agamêmnon, Coéforas, Eumênides*) e o drama satírico *Proteo*.
456	Morte de Ésquilo em Gela, Sicília.
455	Primeira participação de Eurípides numa competição trágica.

454	O tesouro da Liga Délia é transferido para Atenas, demarcando a hegemonia da cidade.
449	Primeira vitória de Eurípides numa competição dramática.
447	Início da construção do Partenon.
442	Representação de *Antígone*.
441-40	Sófocles serve como general.
438	Colocação no Partenon da estátua em ouro e marfim de Palas Atena, obra de Fídias.
431	Início da guerra do Peloponeso.
429	Péricles morre em decorrência da praga que assola Atenas.
428-7	Nascimento de Platão.
427	Aristófanes apresenta sua primeira comédia num concurso dramático.
409	Aos 85 anos de idade, Sófocles vence um concurso com *Filoctetes*.
406	Morte de Eurípides.
406-5	Morte de Sófocles.
404	Derrota de Atenas na guerra do Peloponeso.
401	Representação póstuma de *Édipo em Colono*.
399	Morte de Sócrates.

Agamêmnon

AGAMÊMNON

GUARDA:
Aos deuses peço o fim de minhas penas,
fruto de longos anos de vigia,
acocorado – um cão! – no teto atreu.
Sei de cor o concílio do estelário,

5   dinastias de luz fulgindo no éter,
fonte de gelo e ardor ao homem, quando,
em seu giro, perecem e renascem.
Busco o sinal de tocha, brilho ígneo
que nos transmitirá a voz de Ílion,

10   tão logo caia. Uma mulher me ordena,
esperançosa, coração-viril.
E quando ao leito vésper-tormentoso
e úmido, sem sonhar, pois a fobia
do medo ronda-me em lugar do sono

15   e impede o pouso de Hipnos sobre a pálpebra;
quando quero cantar ou murmurar
um som, cuja incisão cure o torpor,
choro e deploro a sorte má do paço,
outrora referência em diligência.

20   Que a sorte benfazeja anule a pena!
O mensageiro bom inflama o breu!

Ó lâmpada noturna! Luz diurna
a luz! O evento logo se traduz
na profusão de coros dançarinos.

25 Ah!
À esposa de Agamêmnon dou um nítido
sinal: sus! já! Ulule pela casa
em prol do lampadário, jubilosa,
que a cidadela de Ílion foi tomada,

30 conforme o archote anunciador aclara.
Eu mesmo preludio o coro e danço.
Aos reis o dado cai do lado certo:
a flama para mim é triplo seis.
Permitam-me estreitar em minhas mãos

35 a cara mão do rei, tão logo torne.
O resto calo: um mega boi percorre
a minha glote. Assim diria o paço,
com voz: me apraz falar ao sábio, mas,
quando quem chega é parvo, nada falo.

CORO:

40 Há uma década,
o magno antagonista de Príamo,
rei Menelau e Agamêmnon,
elo atrida inquebrantável[1],

---

1 Em Homero, Agamêmnon é rei de Micenas; Menelau, de Esparta. Na peça de Ésquilo, ambos governam Argos.

duplo-trono,

duplo-cetro,

por honra de Zeus,

zarpou daqui,

45 frente à frota argiva de milnaves,

nosso aparato bélico.

Forte clangor lhes vem do coração: ARES!,

feito abutres que,

sôfregos pelas crias,

50 sobrecircundam ninhos,

remam com remos alados,

frustrados no esforço

de velar o refúgio de implumes!

Nos cimos,

55 Apolo ou Pã ou Zeus

registra

o queixume estrídulo,

ornitoagudo,

de hóspedes zenitais

60 e envia

contra os violadores,

tardoalgoz,

a Erínia.

Assim,

Zeus, inderrotável

protetor dos convidados,

65 remete os filhos de Atreu contra Alexandre.

Por causa de mulher multipartilhada,
impõe, eqüânime,
a gregos e troianos,
muita luta de punho, fardo para os membros –
e a rótula estala no pó
e a lança rompe-se no preâmbulo!
É como agora é;
o demarcado se perfaz:
nem sub-
ardendo,
nem sobre-
gotejando
vítimas não-combustas,
aplaca a tensão da fúria[2].
Mas nós, insolventes na carne anciã,
sub-relegados na expedição,
aguardamos,
distribuindo sobre o báculo
a pujança infantil.
No peito jovem
e no senil,
lateja a medula da vida,
mas Ares a evita.
O hipervelho folhame ressequido

---

2   Nenhum tipo de rito suspende a ação das Erínias, deusas que personificam a vingança.

AGAMÊMNON

80 avança, trípede,
e, com vigor de menino,
sonho diurno, tresanda.
Filha de Tíndaro,
rainha Clitemnestra,
85 o que sucede? Alguma novidade?
O que chegou a teus ouvidos?
Qual o teor da mensagem
responsável pela propagação dos sacrifícios?
Do rol dos numes guardiões da urbe,
90 celestiais,
ctônios,
à porta,
à praça,
altares queimam com seus dons.
De todos os quadrantes,
o clarão se delonga
no céu –
e a resina pura o narcotiza
95 com ímpeto sutil, sem léria,
óleo da cave basiléia!
Sobre o assunto, diz o possível,
diz o que é lícito!
Poupa-me da angústia!
100 Ora perdura o pensamento negativo,
ora, do sacrifício que inflamas,

a esperança repudia o esfaimado
desconforto ânimabismal.

Não careço de estofo para narrar o auspicioso poder móbil
de heróis perfeitos,
105   pois Peitó, a Persuasiva, o deus ainda insufla,
e o canto de portentos condiz com a idade:
ave impávida envia ao solo teucro[3]
110   o poderio aqueu, trono duplo,
afinada liderança da jovialidade grega,
empenho no braço e na lança.
Rei das aves aos reis das naves,
115   uma enegrecida e, atrás dela, a alvar,
surgem à beira-paço[4]
na mão que brande a lança,
em sólios plenivislumbráveis.
Devoram a lebre grávida e o não-nato,
120   privando-a da corrida derradeira.
Relata o pesar, o pesar, mas prevaleça o bem!

Viu
e soube o percuciente arúspice da tropa:
a dupla atrida, lema dúplice,
pugnaz, à testa do séquito,

---

3   Referência à Tróia.
4   O presságio ocorre em Áulis, e não diante dos palácios dos reis em Argos (conforme, a seguir, "arúspice da tropa").

devora a lebre.

125 E descortina o prodígio:
"É questão de tempo
o assédio militar à pólis de Príamo,
e a alimária que o tróico agrupa frente às torres,

130 toda ela, a moira rude usurpa.
Que a emulação divina não ob-
nubile, num pré-ataque,
o mega retentor de Tróia,
em seu acampamento: à Ártemis imácula, intransigente na piedade,
repugna a matilha alada do pai (imolou a pobre lebre

135 e a prole no pré-parto),
enoja o festim das águias".
Relata o pesar, o pesar, mas prevaleça o bem!

140 A Bela[5], tão magnânima
com o rocio inaudaz de leões febris
e amável com a bruma lácteovoraz
das crias
no universo das feras selvícolas,
reclama, para eles, a vigência dos signos[6].

---

5   Um dos epítetos rituais de Ártemis.

6   Passagem difícil, cujo sentido mais provável parece ser: Ártemis opõe-se à violência das aves e pede a Zeus a efetivação de outro signo (*simbola*: confluência de elementos complementares, no caso, compensatórios), o sacrifício de Ifigênia, equipa-
rável, de certa maneira, ao sacrifício dos animais. Observe-se, nos versos anteriores, o
emprego de metáforas lancinantes, que, desde a Antigüidade, provocam perplexidade
entre os comentadores, e que os tradutores normalmente evitam transpor: refiro-me
a "rocio" e "bruma", concernentes a filhotes de animais.

Embora destras, eram visões
145 passíveis de crítica.

Invoco o Peã:

impeça que ela arme contra os dânaos
alguma antiaragem retardadora, contra-navegante
mantenedora-de-naus,
150 induzindo a sacrifício diverso, anômalo, não-banqueteável,
fomentador de rixas no seio da família,
sem temor marital[7],
pois, apavorante, ressurgente,
dolosa ecônoma do lar,
inapagável,
perdura
155 a Fúria vinga-filho[8].

Tais sinas
(somadas ao portento das benesses)
as aves assinalam em seu vôo
e Calcas as proclama
ao solar do rei.
160 Em harmonia com eles,
relata o pesar, o pesar, mas prevaleça o bem!

---

7   Menção a Clitemnestra, assim como, logo abaixo, "ecônoma".

8   Trata-se de uma dinâmica macabra que assola a estirpe atrida: não só Clitemnestra vinga a morte da filha Ifigênia matando Agamêmnon, como Egisto associa-se
à rainha para vingar a morte dos filhos de Tieste, seu pai, dilacerados pelo pai de
Agamêmnon, Atreu.

A Zeus, seja quem for,
se lhe apraz a designação,
me endereço.
Sopesando tudo,
nada se me afigura,
exceto Zeus,
se devo banir da mente o peso
banal do pesar.

O outrora agigantado[9],
brutal em seu rasgo pan-mavórcio,
ninguém sequer confirma que existiu.
O sucessor[10] partiu
após tripla queda.
Quem com ânimo aclama
o êxito de Zeus
no epinício,
labora o pensamento no seu âmago:

à via do pensar conduz o homem;
do "saber
pelo sofrer"
fez lei.
A pena mnemopesarosa

---

9   Urano.
10 Cronos.

180　goteja, em vez do sono, frente ao coração,
e, a contragosto, a sensatez advém.
Há violência na dádiva dos deuses-demônios
assentados em sólio venerando.

E então o sênior
185　hegêmone nos navios aqueus,
sem menoscabo de outro áugure,
conspirando com os golpes do acaso,
quando o antinavegar esvazia-estômago
acabrunhava a turba grega,
190　paralisada à Cálcida,
na encosta áulida onde as águas fluem e refluem[11];

ventos originários do Estrímon[12],
tardomalignos, alastra-inanição, antiancoragem,
desnorteiam os homens,
195　inclementes com amarras e barcos,
redesdobrando o tempo,
consumindo, pela fadiga, a flor argiva.
E quando o vate expôs
opção distinta e mais acídula
200　aos líderes,
para a intempérie cruel,

11　Observe-se a ausência, nessa antístrofe, de oração principal, funcional no caso, pois deixa em suspenso a situação da esquadra paralisada, devido à ação de Ártemis.
12　Rio que separa a Trácia da Macedônia.

aludindo à Ártemis,
os atridas, pulsando o cetro ao solo,
choraram.

205   Falou o príncipe sênior:
"Pesa o fardo se há recusa;
pesa igual se
destroço a filha – gala do solar! –,
enodoando as mãos paternas,
210   ante o altar,
em fluxos rubrovirginais.
Há alternativa para o mal?

Viro um deserda-navio
e frustro sócios?
Têmis, a Lei, avaliza
o desejo
de fúria hiperfuriosa
215   por sacrifício que apazigúe o vórtice
e o sangue virginal.
Que o sumo assome!"

Tão logo o necessário o encilha,
inspira a ímpia mutação de ânimo,
220   nefanda e nefasta.
E o pensar pleniaudaz
transconhece.

Conselheiro soez, protopenoso,
o mísero frenesi
instiga os perecíveis.
225 Encarregou-se do sacrifício da filha,
auxílio na guerra dos vingadores-de-fêmea,
rito prévio à navegação.

Litanias e gritos – PAI! –
tampouco a faixa etária de donzela,
230 os árbitros beligerantes relevaram.
Prece concluída, o pai ordena
aos fâmulos empenho
em sua condução,
ara acima, feito cabra,
envolta em peplo, testa pro-
tendida,
policiando-lhe a boca
235 bem delineada:
"um pio sequer de empáfia contra o paço!
Que se use de energia! Do poder silenciador
da brida!" E ela, depondo as vestes cróceas,
arremetia aos oficiantes, a cada um,
240 flechas de pupilas pias,
em destaque, como na pintura,
desejando lhes falar,
pois fora seu hábito
cantarolar nos recintos paternos,

degustadas as profusas iguarias,

245 quando, com voz pura,

antitaurina em sua castidade,

à terceira libação,

honrava, afetuosa, o peã propício

do pai querido.

Não vi nem falo o sucedido,

mas a arte de Calcas é infalível.

250 Dike, a Justa, pende o aprendizado

a quem padece. O saber do futuro

está no que advém; antes, jubila-te!

O pranto antecipado não difere do outro.

A aurora aclara tudo quando fulge.

255 Que o êxito alcance o feito,

conforme o almeja

o baluarte monoguardião[13]

da terra Ápia![14]

Venero, Clitemnestra, o teu poder;

é justo honrar a esposa do monarca,

260 se há vacância de herói no trono. Qual

o motivo do sacrifício? Ouviste

boas novas ou sonhas com bons núncios?

Ouço grato; se calas, eu acato.

13 Clitemnestra.

14 Peloponeso.

CLITEMNESTRA:

"Mensageira do bem", reza o ditado,
"desponte a aurora da matriz noturna!"
Teu júbilo transcende o que imaginas:
a pólis priâmea cai em mãos argivas!

CORO:

Como? Processo mal o que não creio.

CLITEMNESTRA:

Não falo claro? Tróia é dos gregos!

CORO:

A alegria se insurge e busca a lágrima.

CLITEMNESTRA:

Sim! Teu semblante acusa lealdade.

CORO:

Mas tens algum indício em que confies?

CLITEMNESTRA:

Direi que sim, se um nume não me engana.

CORO:

Veneras a envolvente forma onírica?

CLITEMNESTRA:

275 Não acredito em mente entorpecida.

CORO:

Não te encoraja algum rumor sem asa?

CLITEMNESTRA:

Ralhas como se eu fosse infante ingênua.

CORO:

E desde quando assolam a cidade?

CLITEMNESTRA:

Desde que a noite deu à luz aurora.

CORO:

280 E que anjo anunciador chegou tão célere?

CLITEMNESTRA:

Hefesto emite a flama clara no Ida[15].
E a chama chama a chama no correio
fogoso, até aqui. De Ida a Lemno[16],
pedra de Hermes. A ínsula transfere
285 a mega tocha ao pico de Zeus, ínclito

15 Montanha da Tróia.
16 Ilha do mar Egeu.

Atos[17]. Altiva, pois que transmarina,
a intensa lâmpada excursiona extática

....

ao mirante Macisto[18], o pinho envia
o fulgor auriflâmeo, feito um sol;
290   sem tardança, rebel ao sono insano,
seu quinhão mensageiro impõe-se. Em águas
do Euripo, longe, a luz do archote indica
a vinda à soldadesca de Messápio[19].
Esta reflete a áscua e passa a nova,
295   afogueando uma pilha de urze graia.
Revigorada, a tocha não fenece:
qual plenilúnio luciluz, transpõe
o plano Asopo[20]. No Citero[21] altíssimo,
desperta mais um condutor flamífero
300   e o guarda não rejeita a longinúncia
luz, inflamando-a além do que pediram.
A luz transpassa o lago olhar-de-górgona[22],
e já no monte cápreodivagante,
incita: que a lei ígnea não retarde!
305   Ardendo em fúria, enviam longa língua

17 Monte da Trácia.
18 Localidade desconhecida.
19 Montanha entre Eubéia e Beócia.
20 Rio da Beócia.
21 Montanha próxima de Tebas.
22 Local desconhecido, assim como o do verso seguinte.

rútila: atrás ficou o promontório,
baluarte em Sáron[23]. Despontou nos píncaros
do Aracneu[24], junto à urbe, incandescente.

310 Incide então no teto atreu a luz,
cujo ascendente é o fogaréu de Ida.
Tais ordens dera eu mesma aos lampadóforos,
enchessem os meandros dos extremos!
Vence quem corre em último e em primeiro.

315 Assim eu me refiro à prova, ao signo,
que meu esposo me anunciou de Ílion.

CORO:
A prece eu endereço logo aos deuses,
mas folgo em reescutar o que disseste,
para exaurir meu maravilhamento.

CLITEMNESTRA:

320 No dia de hoje Aqueus dominam Tróia.
Creio ouvir gritos díspares nas ruas.
Vinagre e azeite, se num vaso os vertes,
dirias que nutrem ojeriza mútua.
As vozes dissonantes de quem vence

325 e tomba são audíveis em sua dupla
condição. Sobre os corpos dos irmãos,

23 Golfo entre a Ática e o Peloponeso.
24 Monte próximo a Argos.

consortes (crianças sobre pais senis),
a garganta servil chora o destino
dos entes amadíssimos. A estafa
330 do combate noctâmbulo obriga
o esfaimado a buscar o de-comer
no caos da cidadela que alvorece,
como se cada qual lançasse um dado
fortuito. Abrigam-se nas casas ruídas,
335 livres do açoite gélido e do orvalho.
Endemoniados pelo bem, benévola
a noite lhes faculta o sono bom,
sem guardiões. Pios com deuses tutelares
e templos da cidade capturada,
340 ninguém contraconquista o que conquistam.
Não ceda a tropa à gana de saquear
o que é tabu, em sua avidez infrene.
Ao cabo, deverão dobrar a pista
a fim de garantir o torna-lar.
345 Mesmo se o grupo não ofende o deus
no retorno, quiçá desperte a angústia
dos defuntos, se o mau acaso não
surgir abrupto. Assim se exprime a esposa.
Que logre o bem, fenômeno inconteste!
350 Tomo parte no gozo das proezas!

CORO:
Mulher, pareces homem de bom senso

com tua fala sensata. Indícios fartos
levam-me a venerar os numes já:
satisfação compensa dissabores.

355 Zeus basileu e noite amiga,
senhora de vastos adornos cósmicos:
lançaste sobre as torres tróicas
uma rede sem orifícios!
Ninguém, adulto ou jovem, transporia
360 a mega alvitana escravizante
de Ate, a ruinosa, pan-imperial.
Louvo Zeus, magno amigo dos hóspedes,
executor de tudo! Há muito,
contra Alexandre, retesou o arco
365 e o arremesso não frustrou o dardo,
aquém do alvo, além dos astros.

Pode-se atribuir a Zeus a autoria do golpe;
há traços que o evidenciam:
perfez o que lhe aprouve.
370 Alguém disse que os deuses não se dignam a olhar
o aniquilador da graça inviolável,
mas era um ímpio.
375 A epifania da maldição nasce do intolerável,
visa a quem aspire a transcender o justo,
em palácios de fausto hipercintilante,
além do sumo.

Exista o indolor
380 e baste a quem logrou
o fulgor do intelecto!
Nada escora
o plutocrata ávido,
que chuta o mega altar da Justiça
e o obumbra.

385 A funesta Persuasão coage,
filha adversa do erro
conselheiro.
Nenhuma droga a drena.
A lesão não se encripta,
390 mas, luz sinistroflâmea,
brilha.
Feito bronze ordinário,
fácil de arranhar e de moldar,
ele enegrece
sob a justiça,
tão logo o infante persiga o pássaro alado,
395 responsável pelo revés da pólis, duríssimo.
Sua litania, não há deus que a ouça,
quando abate
o injusto
arremedo humano.
Páris foi um assim;
400 nos recintos do solar atrida,

manchou a mesa receptiva,
subtraindo-lhe a consorte.

Legando à urbe a insânia de escudos,
emboscadas,
405   equipagem da esquadra,
(seu dote a Ílion: ruína),
apressou-se a transpor os pórticos,
ousou o inousável. Profetas do solar
soluçam palavras:
410   "Ah! Palácio! Palácio e príncipes!
Leito e sendas filoadúlteras!
Ei-lo[25] sorumbático,
sem voz,
sem honra,
sem travo de ver só aos sem-coração.
Da nostalgia por uma transmarina
surge um fantasma
415   que se assenhora do paço.
Ao esposo horroriza
o charme dos belos contornos
da estatuária,
e, na ausência de pupilas,
se esvai, na íntegra, o afrodisíaco.

25   Referência a Menelau.

420   Oniro-fantasmais,
vultos aflitivos
avolumam,
portando a vanidade da graça.
Vanidade é a hipotética visualização da beleza.
Escapando às mãos,
425   foge a visão e, num átimo,
some pelas vias aladas de Hipnos".
Tais são as dores, no paço,
ao pé da lareira,
e outras, ainda mais desmesuradas:
430   no lar de quem deixou o solo grego,
punhal-no-coração, perdura o luto.
Amiúde atinge o fígado,
pois quem enviou os conhece,
mas, ao invés de briosos,
435   pó e panóplia
retornam casa a casa.

Ares, auricambista de cadáveres,
fiel-da-balança no choque das lanças,
440   envia de Ílion, aos entes caros,
o pesado
pó combusto, amarolacrimal,
locupletando urnas
com cinzas bem acondicionadas,
445   em lugar de valentes.

Choram, bendizendo guerreiros.

Um foi ás na pugna;

bela foi a queda de outro na carnagem,

por consorte de terceiro.

Entrecortam palavras

450 e a angústia ressentida é uma serpe

avessa aos atridas.

Outros, ainda, no ápice do físico,

ali, circundando muralhas,

ocupam sua cota de terra em Ílion

455 (mas quem os possui é a cripta do subsolo inimigo).

Pesa a fala dos moradores com raiva;

cobra o devido ao que o povo adjura.

Alma aflita, subsiste-me o desejo de auscultar

460 algo crepuscular,

pois os deuses se apercebem dos multimatadores

e, com o tempo,

465 quando a vida se atrita no reverso da fortuna,

negras Erínias

enceguecem

o injusto acumulador de divisas,

e inexiste amparo entre os invisíveis.

Renome em demasia é um escolho,

pois Zeus arroja, pelos olhos, o raio.

470 Escolho tesouro que não se cobiça.

Não me torne um arrasa-vila,

nem, alienígena em máos alheias,
vislumbre a vida!

475 Impelida por fogo de bom núncio,
voz veloz cruza a cidadela.
Alguém me afiança que é verídica?
Numes não negaceiam?
Quem é pueril o bastante ou fraco da cabeça
480 a ponto de afoguear o imo
com a nova que a chama instiga
para, mais tarde, sucumbir
ao câmbio da versão?
485 Casa com o discrímen feminino
acolher a graça antes que se concretize.
Hiper-susceptível, a estirpe da mulher
palmilha a trilha
veloz; mas, o rumor fêmeo-falaz,
moira-veloz,
morre.

CORO:
Logo atestamos se é veraz a lâmpada
490 de archotes porta-luz e a transmissão
de fogo, ou se o deleite do fulgor,
qual fosse um sonho, não defrauda a ânima.
Da barra, o arauto aborda-nos, sombreado
por ramos do olival. E o irmão da lama,

AGAMÊMNON 47

495 seu limítrofe, o pó esturro, indica-me:
nem mudo nem tisnando acha em cume,
emite signos com vapor do ardor,
mas eis que alude ao que me rejubila
ou... a hipótese oposta me aborrece.
500 Ao bem se acresça o que parece bem!
Quem roga outro destino à cidadela,
colha ele o fruto do seu desatino!

ARAUTO:
Ó solo argivo ancestre, após dez anos,
retorno a esta luz! Toda esperança
505 perdera, salvo a que o acaso deu-me:
morrer na ctônia Argos, ser meeiro
da tumba familiar sequer sonhara!
Invoco o solo ctônio, a luz solar,
Zeus, grão senhor daqui, e o rei de Pito[26]:
510 não nos fulmine o dardo de teus arcos;
implacável às margens do Escamandro[27],
nos salva agora, Sóter, nos socorre,
Apolo! Clamo aos deuses em concílio,
a Hermes, meu tutor, arauto magno,
ás entre arautos, aos heróis da escolta:
sê benignos com o tropel do exército,

515
26 Apolo.
27 Rio de Tróia.

ileso à lança. Ó paço basileu,
morada cara, sedes consagradas,
demônios-deuses a mirar o sol
520   com mesmo brilho de antes nas pupilas,
como de praxe, recebei o rei
há muito ausente. É luz à noite, a todos
em comum, ó magnânimo Agamêmnon!
Devemos acolhê-lo com calor,
525   pois Zeus lhe empresta a sega com a qual
revolve Tróia. O solo está lavrado.
Nada restou de templos e de altares
e as sementes abortam no terreno.
Foi esse o jugo que o rei sênex pôs
530   na cérvix antagônica. O demônio
bom o traz. Quem merece igual apreço?
Nem Páris, nem sua pólis contam prosa:
"o drama que impusemos não sofremos…"
Condenado por rapto e por rapina,
535   não só ficou sem presa[28], mas ceifou
o paço avoengo, o próprio solo… ruínas!
Os priâmeos purgam por seu erro duplo.

CORO:
Arauto aqueu, desejo-te fortuna!

---

28 Helena.

ARAUTO:

Idem! Até a morte acolheria!

CORO:

540 Dirias que o amor da pátria te transia?

ARAUTO:

Não por outro motivo choro rindo.

CORO:

Conheceste o sabor da doença doce.

ARAUTO:

Se te aclaras, me inteiro do que falas.

CORO:

Sentistes falta de quem vos queria.

ARAUTO:

545 O país era saudoso dos saudosos?

CORO:

O amuo me oprimia o imo turvo.

ARAUTO:

E qual a causa da melancolia?

CORO:

Contra o prejuízo, calo. É o meu remédio.

ARAUTO:

Ausente o rei, alguém te amedrontava?

CORO:

550 Repito o que disseste: a morte é dádiva.

ARAUTO:

Pois houve um bom desfecho. Existe um lado
confortável e um outro criticável
no que perdura. Quem, afora os numes,
é imune à dor no tempo que lhe cabe?
555 Relatasse a penúria, o desconforto,
a cama sórdida, o convés angusto...
lamento renovado, ininterrupto.
E o horror se agigantava em terra firme,
sonolentos à beira-muro adverso;
560 rocios campestres granizavam do alto,
da terra, mal contínuo, insetos per-
furavam nós dos agasalhos. Se eu
me referisse ao frio algoz-de-pássaros
(e um dom nos dava o Ida: a neve áspera...),
565 ao calor, quando o mar do sol-a-pino,
sem brisa, adormecia de tão liso...
Nada de nênia! Mal passado é mal

passado e levantar-se novamente
é algo de que os defuntos não se ocupam,

570   e para nós, supérstites do exército,
não contrapesa a pena, o lucro vence.
Enumerar cadáveres é esdrúxulo,
corroer a vida com a sorte aziaga.
Nosso destino enche-nos de júbilo.

575   Orgulho é crime, à luz de um sol assim?
A fama sobre mar e terra voa:
"Tróia derruída, o contingente argivo
destina aos templos gregos farto espólio
de vetusto fulgor". A quem me ouça,

580   urge louvar os generais e a urbe.
Foi Zeus, com seu favor, o autor da proeza.
O honor lhe cabe. Tens o enredo todo.

CORO:
Se alguém me vence na conversa, não
me ofendo. O aprendizado faz do velho

585   efebo. O caso cabe à Clitemnestra
e ao paço. Sua riqueza me enriquece.

CLITEMNESTRA:
Sobreclamei outrora quando o núncio
primaz do fogaréu noturno, advindo,
disse: "em nossas mãos, Ílion não resiste".

590   Houve quem me admoestasse: "crês em tochas,

segundo as quais a Grécia arrasa Tróia?
A mente da mulher é o coração!"
Faziam-me parecer insana, mas
não suspendi os sacrifícios: gárrulos,
595   ululantes, ali, acolá, qual
fêmeas, depunham a perfúmea flama,
voraz-de-incenso, em sedes consagradas.
Tens algo a acrescentar? Então diz logo,
que o raconto integral o rei me narra!
600   Me apresso a apresentar minhas melhores
boas-vindas ao consorte que retorna.
Nenhuma luz apraz tanto à mulher
quanto a que vê quando abre a porta ao homem
salvo da guerra por um deus. Vai! Diz-lhe:
605   encurte a trajetória quem a urbe
adora! Veja em casa a esposa fiel
tal qual deixou, cáo do solar, leal,
hostil ao mau, no mais, igual. O tempo
envelhece, mas lacre algum, incólume,
610   se rompeu. Sei o que é prazer com outro
homem e o falatório torpe como
sei temperar o bronze. Essa imodéstia,
táo cheia de verdade, não constrange
uma mulher de berço proclamar.

CORO:

615   Só ao intérprete sem perspicácia,

o que ela vem de nos dizer é incerto.
E quanto a Menelau, quais são as novas?
Retornou ao solar convosco são
e salvo, o nosso caro soberano?

ARAUTO:

620 Não ouso proferir o falso belo,
só para confortar alguém fraterno.

CORO:

Pudera confundir-se o vero e o doce!
Não há como encobri-los quando cindem.

ARAUTO:

O herói sumiu na legião argiva,
625 ele com seu navio. Não falo o falso[29].

CORO:

Quando ele deixou Ílion, todos viram,
ou a tormenta, mal geral, tragou-o?

ARAUTO:

Atinges o alvo como arqueiro exímio.
Sintetizas a mega provação.

---

29 A dispersão dos gregos, terminada a guerra de Tróia, aparece no canto 3 da *Odisséia*, que Ésquilo, de algum modo, incorpora.

CORO:

630 Não houve alguém das naus que comentasse
se Menelau morreu ou sobrevive?

ARAUTO:

Ninguém o sabe suficientemente
bem, só o Sol, que nutre o solo vivo.

CORO:

E como afirmas que a intempérie abate
635 a frota e a pára, por rancor divino?

ARAUTO:

É ruim manchar um dia de bonança
com novas más. Tal deus, tal honra. Quando
um núncio vinca a face turva e traz
à urbe a dor cruel da hoste em ruína,
640 e a chaga se propaga em meio à pólis,
e muitos muitas moradias perdem
sob o látego duplo que Ares ama,
caos bigúmeo, parelha sangüinária;
quando o oprime essa pena, o peã das Fúrias
645 convém cantar. Mas quando o mensageiro
alvissareiro chega à cidadela
onde a prosperidade grassa, como
há de mesclar o positivo e o péssimo,

AGAMÊMNON

referir-se à intempérie contra aqueus,
650   à ira divina? Até então contrários,
o fogo e o mar pactuaram: dizimar
a esquadra argiva desafortunada.
Voraz escuma à noite se avoluma.
Tufões trácios destroçam os batéis
655   no entrechoque, violentos cornos batem
por obra de um tufão tempestuoso,
da chuva forte. O vórtice de um mau
pastor os sorve. Assim que assoma a lâmpada
do sol luzente, afloram os cadáveres
660   aqueus no mar Egeu, e escombros náuticos.
A nós, à nau e sua carena intacta,
ou nos pouparam ou por nós rogaram,
pois deus, não homem, manobrou o leme.
A Sorte Salvatriz, Sotéria Tykhe,
665   avessa a que o escarcéu nos engolisse
no porto, ao arremesso contra as penhas,
se assenta no navio. Libertos do Hades
marinho, dia claro, crendo mal
na sorte, apascentávamos o neo-
670   -revés ensimesmados, o final
da frota, triste cinza. Se algum deles
vive, fala de nós como de mortos.
E nisso nós com eles parecemo-nos.
Prevaleça o melhor! Pode apostar

675 que Menelau retorna antes dos outros.
Se uma réstia solar o contemplar,
vivendo e vendo (Zeus não maquinou
por ora a destruição de sua raça),
há chance de que volte a seu solar.
680 Conheces a verdade, se me ouviste.

CORO:
Quem terá sido o autor do nome
de étimo assim preciso
(seja quem for,
não o vemos pré-ciente do futuro
685 mover ao léu a língua)
da flechinúbil, amplidiscorde
Helena?[30]
Condiz com ele
enleia-nau, enleia-herói, enleia-
690 -pólis.
Longe da sutileza dos tecidos,
navega ao sopro de Zéfiro,
gigante.
Um pluricontingente porta-escudo caçador-de-perras,
695 pelo rastro imperceptível dos remos,

---

30 Ésquilo associa o nome de Helena ao verbo *helein*, "pegar", "tomar". Daí o
sentido dos três epítetos a seguir, *helenas, helandros, heleptolis,* ao pé-da-letra, "que
retém navio, homem, cidade".

AGAMÊMNON

ganha a orla
(folhas-luxuriantes)
do Simoente[31],
sob o auspício de Ate,
Discórdia sanguinária.

A Ílion,
700   a Ira conclusiva
impeliu o bem-designado
kedos [32] –
amorgurante
mortimônio –,
cobrou,
em período posterior,
a mácula da mesa,
a desonra de Zeus tutelarário,
705   aos que celebravam, à plena voz,
a melodia dos recém-consortes,
himeneu restrito à voz dos consangüíneos.
A priâmea urbe avoenga
710   desaprende o hino;
multilacrimal,
imersa em lamúria,

---

31 Rio de Tróia.

32 Outro jogo admirável de palavra: *kédos* tem duplo sentido: a) preocupação, desgosto; b) união pelo casamento. Minha tradução, que busca inspiração no *Finnegans Wake* de James Joyce, procura corresponder aos dois sentidos.

maldiz Páris:
"poluidor-de-leito!",
715 esteio da existência plenilúgubre dos cidadãos,
sangue sem serventia.

Um homem criou em sua residência
um filhote de leão
sem leite,
720 embora ávido do seio materno.
Afável nos primórdios do viver,
infantofraternal,
embevecia os idosos.
Sempre nos braços que o afagavam,
à guisa de criança recém-nata,
movia a cauda acolhedora,
725 faiscando os olhos nas mãos,
sob estímulo do ventre.

Passa o tempo e ele exibe a têmpera
dos ascendentes,
retribuindo quem o nutrira
730 com fúria exterminadora-de-ovelhas;
elaborou cardápio sem convite,
imergiu a casa na sangria,
dor que a família não supera,
imenso dano da multichacina.

735 Sacerdote da Catástrofe
(um deus o quis)
fora criado no domicílio.

Arrisco dizer que o motivo original
da viagem a Tróia
740 foi um projeto de serena bonança,
adorno langoroso da opulência,
doce flecha do olhar,
flor de eros mordiscando o coração.
Mas ela deslocou as núpcias,
745 frustrâneas no azedume,
desentronizada descompanheira
no assédio de priâmeos,
sob escolta de Zeus receptivo,
Erínia núbil-lacrimal.

750 Diz a velha sentença, corrente entre os antigos:
ao atingir o pico,
a riqueza do homem se procria,
estéril
não fenece.
755 A fortuna feliz
dá à luz dor que não sacia na família.
Mas, monopensativo,
distancio-me da maioria:

é o ato ímpio
que deixa atrás de si
a prole enorme,
760   ícone da própria casta.
A morada onde a justiça enrista-se
é prolífera em belos filhos. Sempre.

Cedo ou tarde,
no âmbito dos sórdidos,
765   a prepotência antiga se regenera
em prepotência nova,
tão logo brilhe o dia demarcado
para o natalício:
demônio incombatível, inderrotável, ímpio,
770   audaz na ruína, negrume no solar,
com os traços dos pais.

Dike fulge em moradas fúmeas
e honora a parcimônia do viver.
Adversa,
775   desvia a pupila
de mansões aurilavradas
com escória nas mãos
e busca o puro.
Desestima o poderio do ouro
780   falso de louvores
e leva tudo a termo.

CORO:

Basileu, ruína de Tróia!

Herdeiro atreu!

785 Boas-vindas me embaraçam.

Como reverenciar

sem ir além,

ficar aquém

do que é oportuno na graça?

Homens, inúmeros, rendem-se à aparência,

subvertendo a justiça,

790 prontos, todos eles, a engrossar o pranto

do aniquilado; mas a mordida do sofrer

sequer lhes resvala o fígado.

Macaqueiam expressões venturosas,

forçando o semblante circunspecto.

...

795 Mas o conhecedor da própria fauna

capta no olhar do homúnculo

a aparente benevolência da intenção,

dócil em sua afetuosidade aquosa.

Por que mentir?

800 Quando do envio da tropa em prol de Helena

afiguravas-me um antimusa,

condutor medíocre do leme do espírito,

a injetar o ardor do sacrifício

em asseclas jacentes.

Agora, do fundo do coração,
805　　sem resquício de animosidade,
felicito quem cumpre o fardo sobranceiro.
Com o tempo, tua perguirição revelará
o nativo que desnaturou ou não
a pólis natal,
o reto e o roto.

AGAMÊMNON:

810　　É justo que eu mencione neste intróito
Argos e os deuses da região, aliados
na volta e na derrota imposta à Tróia.
Surdos à arenga, os numes, unos, põem
na urna rubra os votos homicidas
815　　em prol da ruína de Ílion. A urna oposta,
à espera que avançasse a mão, não se
locupletava. Agora ainda se vê
claro fumo que avulta na urbe rasa.
A fúria aviva a aragem, cinzas mortas
820　　baforam a gordura da opulência.
Aos deuses, minha gratidude multi-
memoriosa! Puni o rapto fátuo.
A fêmea foi pivô, e o monstro argivo,
filhote eqüino[33], fez da pólis pó;
825　　a tropa arrisca o salto, escudo à mão,

33　Referência ao cavalo de Tróia.

AGAMÊMNON   63

ao pôr das Plêiades, o leão carnívoro
transpõe a cumeeira e se enlambuza,
à saciedade, em sangue azul. Aos deuses
me delonguei neste prelúdio. Ouvi,
830   gravei teu pensamento e o reafirmo
integralmente. É duro alguém honrar
do fundo da alma o amigo enriquecido,
sem se roer de invídia, pois a pérfida
peçonha aloja-se no coração,
835   dobra a dor de quem dela convalesce;
ele auto-agrava o próprio sofrimento
e chora ao ver prosperidade alheia.
Conheço bem o espelho da amizade,
imagem de uma sombra: pareciam
840   tão afáveis comigo! Odisseu, nauta
contrariado no início, e mais ninguém,
resoluto corcel, acolhe o jugo,
fale de um morto ou vivo. E quanto ao mais,
à cidadela e aos deuses, pan-reunidos,
845   resolvemos. O que vai bem, devemos
votar pela manutenção. Acaso
necessite de um fármaco propício
de cauterização ou de incisão,
tentamos reverter o quadro crítico.
850   Ao entrar no solar, junto à lareira,
primeiro saudarei, erguendo a destra,

os deuses que me enviaram e conduzem-me.
Advinda a mim, vigore esta vitória!

CLITEMNESTRA:

Homens da urbe, eméritos argivos,
não me encabula expôr um jeito filo-
varonil. Passa o tempo e morre o medo
viril. Não precisei de professor
para saber a dor. Vos deixo a par
do que passei durante a ausência dele.
Sentar sozinha em casa, para a esposa,
sem o marido, é bem mofino. Um vem
e o outro que o sucede traz notícia
ainda pior, clamando o agravamento
do que sofremos. Fossem as feridas
dele tão numerosas quanto os boatos
nos canais do solar, hoje estaria
mais perfurado que um redil. E se
não mais vivesse, como propagavam,
feito um segundo Gérion tricorpóreo[34],
diria: "ganhei um triplo manto ctônio!"
(acima vasto, não direi abaixo...),
perecendo uma vez em cada forma.
O bilioso rumor avilta e alguém

---

34 Monstro com três cabeças, às vezes, com seis pernas e seis braços, morto por Héracles.

AGAMÊMNON

875   vem desatar as cordas sufocantes
         que no alto me sustinham pela gorja.
         Penhor de um pacto antigo, nosso filho
         Orestes não está em casa como
         seria de esperar. Não fiques tenso!
880   Estrófio, o Fócio, lança amiga do hóspede,
         lhe dá guarida. Foi quem me alertou
         para o mal duplo: tua situação
         de risco, e, se a anarquia destituísse
         o conselho, ao rumor do povaréu:
885   é do homem conculcar quem decaiu.
         Não penses que haja dolo na desculpa.
         Contudo, as fontes antes caudalosas
         do pranto me secaram. Não há gota,
         mas feridas nos olhos tresnoitados,
890   chorosos pelos teus sinais de tocha,
         postergados. Em pleno sonho, o leve
         movimento da mosca zumbidora
         me acordava. Tua dor então a via
         mais grave do que quando dormitava.
895   Hoje, ex-sofrente, coração sereno,
         diria dele: cão guardião do estábulo,
         estai-esteio do navio, coluna
         mestra da cumeeira, herdeiro único
         para o pai, terra à vista ao nauta aflito,
900   jornada cristalina após tormenta,
         água de bica ao viajor sedento.

Fugir do que se impõe é prazeroso.
Elevo o meu discurso à tua altura.
Nos baste o muito que sofremos! Nada
905   de inveja! Agora, caro amigo, desce
do carro, sem pousar o pé no cháo,
funesto à Tróia. Ó rei! O que esperais,
ancilas? Náo mandei forrar a trilha
de seu percurso com alfombras rútilas?
910   Que a sua senda tinja-se de púrpura,
e Dike, a Justa, o leve ao lar sonhado!
Hipnos náo dobra a mente que ao destino
conduz o resto, reta. E o nume anui.

AGAMÊMNON:
Prole de Leda, guarda do meu paço,
915   tua prosápia faz par com minha ausência
na extensáo. O louvor só tem valor
quando é um prêmio que os outros nos regalam.
Náo queiras me mimar feito mulher,
nem, de joelho, me aclames como um bárbaro,
920   nem tornes invejável meu caminho,
recobrindo-o. Só deuses o merecem.
Homem que sou, náo piso sem temor
em adereço furta-cor. Meu sonho
é colher louros de homem, náo dos deuses.
925   Sem tapetes no cháo e sem brocados,
a fama clama. A sensatez é o dom

maior que um deus nos dá. Receba aplausos
quem chega ao fim da vida em paz e próspero.
930   Não me motiva – friso! – o teu pedido.

CLITEMNESTRA:
Fala, sem menoscabo do que pensas!

AGAMÊMNON:
Sabes que não falseio o pensamento.

CLITEMNESTRA:
Por um deus, temeroso, isso farias?

AGAMÊMNON:
Se um sábio prescrevesse um rito assim.

CLITEMNESTRA:
935   Vencedor, como Príamo agiria?

AGAMÊMNON:
Por certo pisaria nos brocados.

CLITEMNESTRA:
Não dês valor às críticas dos outros.

AGAMÊMNON:
A voz do povo, quando encorpa, troa.

CLITEMNESTRA:
Mas o homem só se espelha em quem inveja.

AGAMÊMNON:
940 É estranho na mulher querer lutar.

CLITEMNESTRA:
Mas cabe ao rico se deixar dobrar.

AGAMÊMNON:
Prezas tanto a vitória neste embate?

CLITEMNESTRA:
Aceita que eu te vença! Dá-me o triunfo!

AGAMÊMNON:
Se te agrada, que tirem meus sapatos
945 de uma vez, proteção servil dos pés!
Não me solape o olhar de invídia, ao longe,
tão logo pise a púrpura divina.
É grave despudor destruir o lar,
destruindo o luxo e o pano pago em prata.
950 Já basta! Sê gentil ao acolher
esta estrangeira. Os deuses são benévolos
com quem, afável, rege seu império.
Ninguém sucumbe ao jugo escravo rindo.

Flor colhida do imenso rol dos bens,
955   regalo do esquadrão, ela acompanha-me.
Mas como ao teu pedido fui sensível,
dirijo-me ao solar, pisando em púrpura.

CLITEMNESTRA:
Existe o mar. Quem o suprime? Nutre
o fluxo sempinovo com a púrpura,
960   tintura para a túnica, valiosa
como a prata. Os eternos suprem nosso
estoque e o paço ignora o que é penúria.
Mandara a voz do oráculo, eu teria
estendido mil peplos sob os pés,
965   quando empenhei-me em preservar-lhe a vida.
Vige a raiz e a folha sobrevinda
ensombra a moradia na canícula.
Teu retorno ao solar é igual ao sol
de inverno. Zeus fabrica o vinho da uva
970   acídula, e há frescor na casa e o rei
se perfaz indo e vindo no palácio.
Ó Zeus Perfazedor! Perfaz meu rogo!
Seja merecedor do teu empenho
o que (não tardará) hás de fazer!

CORO:
975   Não cede o medo alado

frente ao coração escruta-signos.
Qual o motivo?
Um canto sem convite e sem salário
vaticina
980   e é insuficiente cuspi-lo,
qual sonho críptico,
para a confiança persuasiva
entronizar-se no espírito.
O tempo senesceu
desde que a recolha das amarras
985   espargiu o areal
e a frota ganhou o mar,
rumo a Ílion.

Sei o que os olhos testemunham:
o torna-lar.
990   Sem lira, o coração, no mais íntimo,
é um cantor autodidata
da nênia da Erínia,
esmorecida a fé em Élpis –
a Esperança.
Não é fútil a voz
995   das vísceras
em sua proximidade com o diafragma,
sede da justiça,
quando

o coração circungira no vórtice
perfazedor.
Que,
de minha expectativa,
o falso sucumba
1000   no infecundo.

Nada sacia
os confins
da multi-saúde,
pois a moléstia,
que com ela gemina,
1005   arrima-a,
e a fortuna do homem,
em seu curso retilínio,
abalroa o escolho abstruso.
Se, pró benesse auferida,
1010   a percuciência arroja um lote,
com auxílio de linga propícia,
o sobrepeso penoso não imerge
a morada toda,
nem o mar engole o barco.
1015   A dádiva de Zeus
é copiosa e abrangente:
dos sulcos anuais
aplaca a praga da carestia.

Mas o sangue enegrecido do morituro,
1020 uma vez espargido,
há milagre que o revitalize?
Até o mestre
na ressuscitação de mortos
foi detido por Zeus, sem cortesia[35].
1025 Se a moira que os deuses fixam
não vetasse a obtenção de moira suplementar,
meu coração, prévio à língua,
externaria o que rumina.
Agora,
1030 freme em treva,
aflito,
incrédulo no cumprimento do oportuno,
quando a mente incendeia.

CLITEMNESTRA:
1035 Entra também, Cassandra, no palácio:
Zeus, obsequioso, quer que compartilhes
a água lustral conosco. A prole escrava
já se postou à beira-altar. Não poses
de presunçosa! Desce desse carro!
1040 Consta que o próprio filho de Alcmena[36]
provou do pão servil, ao ser vendido.

35 Asclépio foi fulminado pelo raio de Zeus, depois de restituir a vida a Hipólito.
36 Héracles, por ter assassinado Ifito, viveu como escravo de Ônfale, rainha da Lídia, por um ano.

Se se te impõe um fado assim, é sorte
que pertenças a alguém de velha cepa.
Quem muito colhe inesperadamente,
1045   costuma ser bem ríspido com fâmulos.
Recebes tratamento rotineiro.

CORO:

O que ela acaba de dizer foi claro.
A rede do destino aceitarias,
caso aceites, se é que não aceitas.

CLITEMNESTRA:

1050   Se não se comunica em língua bárbara
e incompreensível, como uma andorinha,
meus argumentos vão tocar-lhe o íntimo.

CORO:

O que ela te propõe, na conjuntura
atual, é o melhor. Deixa esse banco!

CLITEMNESTRA:

1055   Não vou ficar plantada aqui no umbral,
que a imolação e a combustão de ovelhas
me aguardam no ônfalo do paço, junto
à lareira. Eis um prêmio inesperado!
Se estás de acordo, não demores mais;

1060   se a língua grega te soar estranha,
em vez da voz, emprega gestos bárbaros.

CORO:
Essa alienígena requer intérprete
sutil, que é fera de cabresto novo.

CLITEMNESTRA:
Ela é maluca e escuta maus espíritos!
1065   Chegou depois de abandonar a pólis
recém-derruída. Ignora como pôr
a brida: baba sangue enfurecido.
Não me rebaixo mais falando ao vento.

CORO:
Por compaixão, não me enfureço. Vai,
1070   deixa o banco do carro! O necessário
é impositivo. Cede ao jugo, mísera!

CASSANDRA:
APO...APO...APOLO!

CORO:
O pranto não comove Apolo, o Oblíquo[37].
1075   Por que te falha a voz quando o apostrofas?

---

37 *Loksias*, "Oblíquo", é um epíteto de Apolo, que alude à ambigüidade de sua linguagem oracular.

CASSANDRA:

APO...APO...APOLO!

CORO:

De novo augura o mal quando reinvoca
o deus que desconhece o que é lamúria.

CASSANDRA:

1080 APOLO! APOLO!
APOLO, meu guia, me deploras?[38]
Uma segunda vez, sem pena! Me deploras?

CORO:

Parece que autoprofetiza os males.
O numinoso mora na alma escrava.

CASSANDRA:

1085 APOLO! APOLO!
Meu guia, APOLO, me deploras?
No portal de que paço, APOL'apóias-me?

CORO:

No dos atridas. Caso não atines,
te informo e não afirmarás que minto.

---

38 No original, há jogo de palavras entre "Apolo" e a forma participial do verbo *apollunai*, "destruir".

CASSANDRA:

Ai!

1090 Mansão odeia-nume! Sabe inúmeros
auto-assassínios sórdidos[39]. Chafurdam
homicídios no chão umedecido.

CORO:

Essa alienígena é cadela arisca,
fareja a pista que a conduz ao crime.

CASSANDRA:

1095 Pois me fio nesta prova: infantes plangem
a própria morte que os trucida, o pai
a deglutir a carne bem cozida.

CORO:

Todos conhecem teu renome de áugure,
mas nós não carecemos de adivinhos.

CASSANDRA:

1100 Tristeza! O que maquinam?
Que novo sofrimento? Um mal imenso
maquinam no solar. Imenso!
Amigos o suportam? Quem o sana?
Onde está quem resiste? Algures!

---

39 Atreu serve, ao irmão Tieste, as carnes de seus filhos, num banquete macabro.

CORO:

1105 Não capto o mais recente vaticínio,
mas sei o prévio, que a urbe toda o grita.

CASSANDRA:

Conclues, miserável, teu projeto?
Banhas o cônjuge...
difícil enunciar o epílogo!
1110 E a mão procura a outra já estendida.

CORO:

Estou no ar: agora o enigma enubla
o vozerio divino e me confunde.

CASSANDRA:

Ó dor! O que se me afigura?
1115 Que rede é essa? A do Hades?
A esposa urde, sócia no assassínio.
A ávida revolta na família
reclama aos gritos: sacrifício à pedra!

CORO:

Tua fala me contrista. Ordenas
1120 o grito no solar de qual Erínia?
A gota crócea[40] cai do coração,
como alguém, derrotado pela lança,

---

40 A bile alteraria a cor do sangue, prevalecendo o estado de pavor.

ao declínio do sol, vislumbra a vida.
Ronda a ruína.

CASSANDRA:

Olha! Afasta a vaca
1125   do touro! No peplo
retém-no com ardil ebúrneo-fosco,
abate-o
e ele imerge na água da banheira.
Homicídio doloso de um banhista. Eu falo disso!

CORO:

Longe de mim querer passar por vate,
1130   mas isso tem a face da catástrofe.
Oráculos reservam aos humanos
alguma boa notícia? É pelo mal
que a arte falaz dos áugures
1135   esclarece o temor.

CASSANDRA:

Ó fado infausto!
Grito o meu suplício redivivo!
Por que me conduziste aqui, a mísera,
senão para incluir-me na carnificina?

CORO:

1140   Frenético-maníaca, um deus te guia:

entoas tom sem tom sobre ti mesma,
qual fulvo rouxinol[41] com gana de ganidos
— ai!, triste! —
chora Ítis, Ítis,

1145 a moira que ampliaflora em ruína.

CASSANDRA:

Oh! Oh! Moira de um rouxinol canoro!
Seu corpo, os numes cingem de plumária
e lhe destinam vida sem lamúria;
a mim me aguarda o duplo fio da lâmina.

CORO:

1150 De onde provêm teus ímpetos divinos,
inúteis na agonia?
E essa fusão de tom tão límpido
com o clangor, sem tom, apavorante?
Quem demarca tua senda mântica

1155 maligno-falaz?

CASSANDRA:

Bodas de Páris, lúgubres aos caros!
Oh! Escamandro[42], rio ancestre!
Em tuas orlas, infeliz,

---

41 Procne, para vingar-se do marido, que abusara de sua irmã Filomela, assassina
o próprio filho e é transformada num rouxinol, que lamenta a morte de Ítis.
42 Rio de Tróia.

cresci e fiz-me.

1160 Agora, creio, à beira-Cócito,

em breve profetizo às orlas do Aqueronte[43].

CORO:

Que discurso é esse, que proferes às escâncaras?

Até uma criança entenderia.

Mordida sangrenta,

teu fado lutuoso me abate,

1165 à audição de notas melancólicas

e traumáticas.

CASSANDRA:

Penas! Penas da pólis pleni-sucumbida!

Sacrifícios do pai em prol da torre,

pródigo-na-matança de bois comedores-de-capim,

1170 não sustiveram

o padecimento da urbe.

Urge

o arrojo ao solo da alma abrasiva.

CORO:

Essa fala condiz com a anterior.

Hipercruel, um demo malpensante cai

---

43 Cócito e Aqueronte são rios dos inferos, em que ecoam o lamento (*kokytos*) e a dor (*akhos*).

AGAMÊMNON

1175   sobre ti. Força-te a cantar experiências
         translutulentas. Qual será o desfecho?

         CASSANDRA:
         Pois bem, o oráculo não mais transvê
         por véu, como recém-esposa: sopro
1180   de nuvem, brilha ao sol nascente; onda
         aos raios da manhã, quebranta um rol
         de penas que ultrapassa o que ora sentes.
         Não mais serei ministra dos enigmas.
         Companheiros de périplo, atestais
1185   se farejo delitos cometidos.
         Este lar, nunca o deixa um coro uníssono
         e dissonante pelo que maldiz.
         Ébrio de sangue humano – eis como anima-se! –
         o bando não arreda pé do paço,
1190   é duro refugar. Fúrias da raça,
         assíduas no solar, cantam o horror
         primeiro e cada qual cospe no tálamo
         do irmão, hostil a quem o violou.
         Errei ou atingi o alvo em cheio?
1195   Ou, mendiga falaz, sou pseudomântica?
         Sob jura, diz se desconheço os crimes
         cometidos outrora no palácio!

         CORO:
         Que solução a jura mais segura

nos assegura? Causa espécie ouvir
1200 uma ultramar, falante de outra língua,
ser tão precisa, como alguém daqui.

CASSANDRA:
Apolo, o mântico, me imbuiu no ofício.

CORO:
O desejo o abateu, embora deus?

CASSANDRA:
Antes me constrangia tocar no assunto.

CORO:
1205 Quando as coisas vão bem, somos altivos.

CASSANDRA:
Foi lutador resfolegando charme.

CORO:
Como é de praxe, consumaram o ato?

CASSANDRA:
Depois de consentir, eu o enganei.

CORO:
Já incorporavas deus nas profecias?

CASSANDRA:

1210 Previa aos cidadãos toda desgraça.

CORO:

E Apolo, enfurecido, não te pune?

CASSANDRA:

Devido à ofensa, a mais ninguém convenço.

CORO:

Mas, para nós, teu vaticínio é crível.

CASSANDRA:

Ai! Desgraça!
1215 A ortomancia horrível me ataranta
com proêmios cruéis. Mas observai:
neófitos em sédias régias, tais
e quais as representações oníricas;
infantes trucidados pelos seus,
1220 nas mãos as próprias carnes (são o repasto),
entranhas, vísceras – um fardo mísero! –,
exibidoras do que o pai comeu.
Quem arma a trama – insisto – é um leão
medíocre[44], que chafurda em meio ao leito,
1225 sedentário, contrário ao amo (o jugo

---

44 Referência a Egisto.

me obriga a assim chamá-lo) que voltou.
O líder dos navios, o arrasa-Ílion,
não sabe que uma língua de cachorra
biltre, tão empenhada e tão solícita,
1230 urde – sorte madrasta! – dano oculto.
Eis a audácia: mulher destroça macho.
Como chamar o bicho desamigo?
Anfisbena, a bicéfala[45], ou Cila[46],
domiciliada em pedra, algoz dos nautas?
1235 Ou mãe do Hades furiosa, baforando
sobre os seus Ares duro? Pleniaudaz
ululou, como quando a guerra vira,
com ares de jucúndia por sua vinda.
Convença ou não me é igual. Logo virá
1240 o futuro e dirás em sua presença:
"Oh! Céus! Como a profeta era veraz!"

CORO:
Carnes de infantes no festim de Tieste...
entendo e tremo e temo ouvir o que é
certo, não simulacro. Quanto ao resto
1245 que disseste, perdi-me, no atropelo.

CASSANDRA:
Verás – afirmo! – a morte de Agamêmnon.

45 Réptil que rasteja nos dois sentidos.
46 Monstro marinho, com voz de um pequeno cão (*skylax*); v. *Od*. 12, 85 s.

CORO:

Com bom augúrio, acalma tua boca!

CASSANDRA:

Nem Peã, o deus que cura, poderia.

CORO:

Não, se se torna real. Que não se dê!

CASSANDRA:

1250   Enquanto rogas, há quem trame a morte.

CORO:

E que homem arquiteta essa tragédia?

CASSANDRA:

Vejo que não alcanças meus oráculos.

CORO:

Não ficou claro como o autor procede.

CASSANDRA:

No entanto, sei perfeitamente o grego.

CORO:

1255   E a mensagem cifrada dos profetas.

CASSANDRA:

Ah! O fogo! Que fogo sobreassalta-me?
Ai de mim! Lício Apolo, antilupino!
Ausente o leão ilustre, a leoa bípede
se refocila com o lobo[47] e mata-me.
Como se aviasse droga, a miserável
acresce à sua poção o meu salário!
Aguça o gume do punhal, arroga-se
algoz fatal do esposo que me trouxe.
Mas por que me sujeito ao riso, cetro
à mão, fitas proféticas à gorja?
Antes de sucumbir à moira, anulo-te!
Vos estilhaço ao chão! Eis minha paga!
Oferta a outra a ruína do tesouro!
Olhai! O próprio Apolo me despoja
dos adornos, depois que viu amigos
cruéis zombarem sem parar de mim,
em vão, por certo. E suportei a alcunha
de vagabunda, amalucada, reles,
mendiga, desgraçada, pobre diaba!
E o profeta que fez-me profetisa
agora me encaminha ao fel do fado.
O sacrifício tépido purpura
o cepo que me espera, não o altar
paterno. Mas os deuses desagravam

47 Refere-se a Egisto.

AGAMÊMNON

1280 minha morte, pois chega um justiceiro[48]
que vinga o pai, progênie matricida.
Êxul vagante, estranho aqui, retorna
para coroar os seus com a catástrofe!
O pai que jaz supino o reconduz.
1285 Não é o caso de me afogar em lágrimas.
Depois de presenciar o que Ílion fez
e como o fez, e o fim de quem tomou
a cidadela (assim aprouve aos deuses),
não retrocedo: enfrentarei a morte,
1290 pois que houve mega jura aos venturosos.
Saúdo os pórticos do Hades. Possa
me vitimar um golpe fulminante
e, enquanto escorra o sangue de uma morte
fácil, sem convulsões, eu lacre os olhos!

CORO:
1295 És sábia assaz! Mulher de azar assaz!
Te estendeste demais! Se estás tão certa
da própria morte, como vais, audaz,
direto para o altar, rês que o deus tange?

CASSANDRA:
Não há saída quando o tempo é pleno.

48 Orestes.

CORO:

1300 O tempo no extertor vale um tesouro.

CASSANDRA:

Chegou o dia. A fuga é sem valor.

CORO:

Só a mente audaz se arroga tanta audácia.

CASSANDRA:

Quem é feliz sequer registra isso.

CORO:

Morrer com fama é pretensão humana.

CASSANDRA:

1305 Ó páter! Ai de ti e de teus filhos!

CORO:

O que houve? Retrocedes por temor?

CASSANDRA:

Ai!

CORO:

Foges do quê? Do horror que ronda o espírito?

AGAMÊMNON

CASSANDRA:

A casa inspira o sangue do assassínio.

CORO:

1310   Mas como? O odor provém do altar do lar.

CASSANDRA:

Recende o úmido vapor da tumba.

CORO:

Não te referes ao incenso sírio...

CASSANDRA:

Me arrojo à régia e grito a minha moira
e a de Agamêmnon. Bios, vital, me evita!
1315   Ah! Estrangeiros!
Ave tímida estrila frente à moita,
não eu. Testemunhai por mim, que morro:
quando por mim, mulher, mulher[49] morrer
e homem[50] tombar por homem de má cônjuge.
1320   Eis o que, à morte, solicita a hóspede!

CORO:

Choro a morte que os deuses prenunciam.

49 Clitemnestra.
50 Egisto.

CASSANDRA:

Acresço um termo que será meu treno:
ó derradeira luz solar: quem vinga
o rei cobre também o meu massacre
1325   dos algozes, massacre de uma simples
fâmula, presa fácil! Ah! Façanhas
humanas! Sombra só, quando sucedem
bem; se naufragam, o contato simples
da esponja umedecida apaga os traços
1330   de sua figura. É o que eu lamento mais.

CORO:

Inato, o anseio de êxito não sacia.
As mansões que o dedo indigita,
ninguém denega ao homem,
proferindo as palavras:
1335   "não entres mais!"
Os bem-aventurados facultaram ao herói
a captura da urbe priâmea.
O divino chancela o torna-lar.
Se agora expia o sangue prístino
e morto pelos mortos
fixa a pena de mortes adicionais[51],
1340   quem, ciente dessa história,

---

51 Agamêmnon paga pela morte, por um lado, dos filhos de Tieste e, por outro, de Ifigênia e dos guerreiros.

diria sobranceiro:
"um dâimon me blindou quando nasci"?

AGAMÊMNON:

Ai! Um golpe terrível me baqueia!

CORO:

Escuta! Quem acusa o golpe agudo?

AGAMÊMNON:

Ai! Me acertaram um segundo golpe!

CORO:

O fato é feito. O rei profere o "ai"!
Pensemos num bom plano, se é que existe.

1:

Exponho o meu projeto: convocar
os cidadãos aqui, em prol do paço.

2:

Considero melhor entrar de chofre,
para flagrar o ato e a espada quente!

3:

Tenho a mesma opinião. Não faz sentido
postergarmos a ação. Votemos logo!

4:
Parece claro que é só um prenúncio
1355   à tirania que se instaura na urbe.

5:

Perdemos tempo, enquanto eles repisam
na glória do retardo; e, as mãos, não dormem.

6:
A mim nada me ocorre, embora ciente
de que à ação deva anteceder um plano.

7:
1360   Nisso estamos de acordo, pois não posso
reerguer o falecido com discurso.

8:
Então cedemos a quem tem o paço
e o mancha, para nos mantermos vivos?

9:
Seria insuportável. Vale mais
1365   morrer que presenciar a tirania.

10:
E nós, pelos indícios dos gemidos,
profetizamos que é o rei quem jaz?

11:

Como afirmá-lo sem noção dos fatos?
Saber não se confunde com hipótese.

12:

1370   Meu voto vai de encontro ao que é unânime:
melhor saber o que houve com o atreu.

CLITEMNESTRA:

Não me constrange proferir o inverso
do que antes parecia-me adequado.
Se contra um inimigo que se faz
1375   de amigo, alguém planeja ações hostis,
como arma a rede que não salte e arruíne-o?
Há muito ciente da disputa, fruto
de antiga rusga, o tempo maturava.
Missão cumprida, fico onde o bati.
1380   Não vou negar que agi de tal maneira
que era impossível escapar à morte.
Eu o enredei, como se fora um peixe,
fios tensionados, roupa rica e amara.
Golpeei duas vezes e, gemendo em dobro,
1385   os membros distendeu. Sem equilíbrio,
dei o terceiro golpe, oferecendo-o
ao sóter dos cadáveres, a Zeus
subtérreo. Ele expirou então o espírito,
expeliu jato intenso da ferida;

1390   as negras gotas do sangrento orvalho
me salpicavam, tão alegre como
quando Zeus chove e brota a flor em cálice.
Sendo esse o fato, eméritos argivos,
se alegrais, alegreis, que eu mesma exulto!
1395   Fora viável delibar cadáver,
seria justo, digo, hiperjusto
no caso. Em casa, infunde à taça muitos
males malditos que, na volta, os sorve.

CORO:

A truculência que ousas blasonar
1400   contra o marido deixa-nos perplexos!

CLITEMNESTRA:

Sem tino, eu? Assim me vedes? Não
treme meu coração, falo com quem
sabe: se me elogias ou me execras
me é indiferente. Ali tens Agamêmnon,
1405   cadáver e marido. A justa artífice
foi minha mão direita. É esse o caso.

CORO:

Ingeriste, senhora,
algum mau nutriente ctônio,
alguma poção nociva do turbilhão salino,
para imolar o marido?

E as imprecações do povo?

Refugaste-as?

Reduziste-as a pó?

1410   Pesa o menoscabo dos cidadãos.

Serás uma sem-pátria!

CLITEMNESTRA:

Agora ditas meu desterro e a cólera

da plebe e a imprecação da patuléia.

Mas, e antes, foste contra este homem, quando,

1415   com a fleugma de quem trucida a ovelha

tolhida de uma rica rês lanuda,

sacrificou a própria filha, cara

dor do meu ventre, charme aos ventos trácios?

Não deverias tê-lo excluído da urbe,

1420   expiando o miasma? Ouvindo-me a proeza,

és árbitro implacável. Deixo claro

que reagirei com força igual ao teu

rompante! Se me dobras com teu braço,

reinas. Se algum dos numes clama o inverso,

1425   aprenderás, tardonho, a ter prudência.

CORO:

És mégalo-animosa,

alardeias desdém. Como o destino

funéreo-gotejante alucina o espírito,

gota sanguinolenta assoma em tua pupila.

Teu débito é elevado.
Estéril de amizade,
1430 teus golpes, pagarás com golpes.

CLITEMNESTRA:
Ouves agora a Lei de minhas juras,
por Dike, a Justiceira de Ifigênia,
por Ruína e Erínia, às quais eu o imolei:
a esperança não pisa no palácio
1435 do medo, enquanto Egisto, sempre tão
solícito comigo, atear o fogo
na lareira. Não é um escudo pífio!
Morre quem humilhou esta mulher,
o doce das Criseidas tróicas, morre
1440 a cativa-da-lança, a escruta-signos,
sócia-na-cama, déia-oracular,
esposa fiel, a rala-mastro[52] em bancos
do batel. Meritório é o que auferem:
ele, conforme o disse; ela, qual cisne
1445 melódico em seu réquiem merencório,
sua amante, o acompanha. Apimentou
os prazeres que à noite gozo ao leito.

CORO:
Ai!

---

52 O uso obsceno do composto *histotribes* (*istos*: mastro + *tribes*: ação de usar, consumir) parece claro, embora os tradutores normalmente prefiram não verter o vocábulo.

AGAMÊMNON

Que moira fulminante,
anódina,
sem rondar o leito,
nos traria o sono infindo e contínuo?
Morreu o guardião acolhedor,
uma fêmea o fez sofrer demais,
uma fêmea lhe trunca a vida!
Ah!
Helena insana,
uma,
muitas,
muitíssimas almas
aniquilaste em Ílion,
para, multirrememorada, te autocoroares
com a guirlanda perfeita,
às custas do sangue irremovível.
Sim,
a Desavença então se alojou
na morada,
e nada a vence,
amarga ao consorte.

CLITEMNESTRA:
Abatido,
não clames pela moira-morte,
nem dirijas tua fúria contra Helena,
chamando-a destruidora-de-heróis,

1465   única a aniquilar inúmeras ânimas-psiquês
de dânaos viris,
causadora de dor sem cura.

CORO:
Demônio em queda contra o paço,
contra os dois filhos de Tântalo[53],
1470   me impões o poderio
isoanímico,
cárdiodilacerante,
das mulheres[54].
Plantado sobre o corpo,
corvo torvo,
te arrogas o cantor de um canto
dissonante.

CLITEMNESTRA:
1475   Retificas agora o parecer
anterior de tua boca,
quando invocas o demo
da estirpe, tríplice-saciado:
é a partir dele
que eros sanguessuga
nutre-se na tripa.

53 Agamêmnon e Menelau.
54 Helena e Clitemnestra.

Antes que cesse a dor antiga,
1480 novo abscesso regurgita.

CORO:
Sim, referes-te a um megademo
gravicolérico,
contrário ao paço.
Ai!
1485 Dura menção ao destino
insaciável de infortúnio.
Ai! Por Zeus,
pan-fulcral,
pan-fáctor!
Na ausência de Zeus,
algo se cumpre entre os homens?
Isso é real,
sem a teocracia?

Ó rei, ó rei,
1490 como é duro lamentar-te!
Que palavras direi, do âmago amigo?
Onde jazes
há uma teia aracnídea;
expiras a vida
na morte sacrílega.
Oh! Neste leito indigno
domado

1495 pela trama da morte,
golpe de arma bigúmea.

CLITEMNESTRA:
Atribuis a mim a autoria da obra,
mas não me consideres
a consorte de Agamêmnon.
1500 Sob o fantasma da mulher do morto,
há o velho e intratável alástor,
gênio vingador de Atreu,
conviva atroz.
Ao sacrificar o herói,
cobrou dívida pelo infanticídio.

CORO:
1505 Sem culpa na carnagem?
Quem testemunha a teu favor?
Como? Como?
Alástor, gênio vingador do pai[55],
bem pode ter sido sócio.
Violento,
Ares, enegrecido, alastra-se por fluxos
de sangue homo-seminal.
1510 Adianta-se e faz prevalecer Dike, a Justiceira,
que reclama o coágulo

55 Atreu.

de infantes deglutidos.
Ó rei, ó rei,
como é duro lamentar-te!
Que palavra direi, do âmago amigo?

1515 Onde jazes
há uma teia aracnídea;
expiras a vida
na morte sacrílega.
Oh! Neste leito indigno
domado
pela trama da morte,

1520 golpe de arma bigúmea.

CLITEMNESTRA:
Rechaço a tese de morte ignóbil,
pois não foi ele quem impôs ao paço
a desventura dolosa?
Mas dele nasce minha filha,

1525 Ifigênia, plurilacrimal...
O sofrido é digno do perpetrado.
Não propague no Hades sua mega-arrogância!
A espada cobrou
o que fez:
morticínio.

CORO:

1530 Vazio de raciocínio, nada articulo.

Se o solar sucumbe,
para onde transfiro os préstimos de minha solicitude?
Temo o açoite arrasa-paço
da chuva rubra.

A garoa gora.

1535   A Justiceira amola outra ação danosa
em outros amoladores da Moira.

Terra! Terra! Tivesses me engolido
antes de vê-lo deposto
1540   no leito fundo da banheira prata!
Quem cuida de seu féretro? Quem o pranteia?
Algoz do próprio esposo,
ousarás fazê-lo?
Debulhas tuas lágrimas?
1545   Antijusta,
em resposta a feitos de vulto,
pela ânima dele,
celebras graça ingrata?
Quem profere, soluçante, o louvor funéreo
ao herói divino, sofrendo
1550   com Aléteia – Verdade sem véu! – no peito?

CLITEMNESTRA:
Não é da tua alçada esse assunto.
Minha mão o derrubou, matou
e o sepulta,

não com prantos domésticos,

1555 mas Ifigênia, a filha

– assim convém! –

enternecida,

indo ao encontro do pai,

rumo à rápida travessia das dores[56],

o afaga nos braços

e o beija.

CORO:

1560 Difícil avaliar a sucessão de ultrajes.

Quem pega é pego; quem mata, morre.

Enquanto Zeus permanecer no trono,

permanece o "quem faz, paga".

É regra.

1565 Quem bane do palácio o germe nefasto?

A desgraça gruda na raça.

CLITEMNESTRA:

Vens de falar o que é veraz no oráculo.

Eu, firmando a jura com o dâimon

dos Plistênidas[57],

1570 desejo me resignar aos fatos,

apesar da dificuldade em suportá-los.

---

56 Referência ao rio Aqueronte.

57 Não é evidente a posição de Plístene na árvore genealógica dos atridas.

No futuro,
indo-se desta morada,
consuma outra estirpe com mortes consangüíneas!
1575   Não requeiro mais que uma parcela ínfima dos bens,
se estirpo a insensatez da morte mútua.

EGISTO:
Faz jus à Dike a luz do dia alvíssaro!
Agora o digo: vingadores de homens,
os deuses vêem as dores desde o píncaro,
1580   quando feliz registro o rei jazendo
no peplo entretecido das Erínias:
ele é quem paga pelo ardil paterno.
Seu pai, Atreu, monarca destas plagas,
escorraçou da pólis e do paço
1585   Tieste, meu pai. Irei direto ao cerne
do assunto: irmãos, os dois queriam reinar.
Em seu retorno, súplice à lareira,
o pobre Tieste obtém a garantia
de não manchar com sangue o solo pátrio,
1590   morrendo ali. Atreu, pai de Agamêmnon,
um antideus, inquieto mais que amigo,
passando por afável ao talhar
a carne, deu-lhe os filhos no repasto.
Trinchou os pés e as últimas falanges
1595   das mãos, sentado à margem dos demais.
O irmão comeu os nacos indistintos

AGAMÊMNON

sem sabê-lo, banquete, como vês,
nefasto para a raça. Ciente, geme,
cai, vomitando os restos. Cena sórdida!
1600   E roga um duro fim para os Pelópidas[58],
chuta a mesa, demarca a maldição:
"assim não reste um só da raça Plístene!"
Por isso tudo agora o tens inerte.
Arquitetei a morte justa: décimo
1605   terceiro filho, pôs-me porta afora,
criança de colo, com meu pai tão triste.
Cresci e Dike, a Justa, fez-me vir.
Ausente, pus as mãos nesse elemento,
enquanto urdia meu esquema hostil.
1610   Ao vê-lo no redil da Justiceira,
iria de encontro a tânatos feliz.

CORO:

Repugna-me a arrogância na catástrofe.
Afirmas ter premeditado a morte
dele, ter planejado tudo só;
1615   direi que não evitas o que o povo
maldiz, quando te julgue: "morte à pedra!"

EGISTO:

És remeiro rampeiro que ergue a voz

---

58   Menção a Pélops, ancestral da família de Agamêmnon.

da rabeira a quem manda no convés.
Verás como é difícil instruir-se
1620   na velhice, da qual se espera o siso.
Prisão, flagelo do jejum são ótimos
doutores mânticos da mente: ensinam
até quem já engelha. Vêem teus olhos?
Não sofras dando coices no aguilhão!

CORO:

1625   És dama à espera de que heróis retornem.
Sujas o leito esponsalício, enquanto
vais maquinando o estrago do estratego.

EGISTO:

Tua glosa gesta o pranto. Como a língua
de Orfeu era contrária à tua! Ao máximo
1630   do prazeroso ele guindava tudo,
só com a voz! Me enervam teus latidos.
Submisso, revelar-te-ás dulcíssimo!

CORO:

Como se fosses líder dos argivos!
Quem planejou a morte não ousou
1635   executá-la com as próprias mãos.

EGISTO:

É claro que o ardil cabia a ela.

AGAMÊMNON

Quem não suspeita do inimigo histórico?
Me imponho à plebe, fácil, com seu ouro,
e a quem não convencer eu escarmento:
1640 não comerá qual potro puro sangue
em manjedoura, mas a fome, odiosa
sócia da escuridão, o vê mansueto.

CORO:

Por que tu mesmo, ó pústula, não o
mataste, mas comparsa da mulher,
1645 miasma dos deuses pátrios e da pátria,
deu cabo dele? Orestes vê a luz
de algum lugar. Fortuna o traz de volta,
a fim de eliminar, altivo, a dupla.

EGISTO:

Se assim queres agir, falar, aprendes!

CORO:

1650 Vamos, soldados, que a ação nos espera!

EGISTO:

Vamos, enriste cada qual sua espada!

CORO:

Também a enristo; encaro a morte em pé.

EGISTO:

Tanto melhor se aceitas teu destino.

CLITEMNESTRA:

Não insistemos, caro, em tristes atos;

1655   é um fardo os frutos da atual colheita;

a pena é farta. Basta de sangria!

Tornai ao lar que a cada qual destina-se

ou vos tolhe o revés. Fez-se o devido.

Findasse aqui a dor, a acolheríamos,

1660   sangrando sob a garra de um mau dâimon.

Assim opina uma mulher. Quem me ouve?

EGISTO:

Mas me arrojaram um buquê de afrontas,

pondo à prova o deus-dâimon. Quem arrosta

o potentado não é um insensato?

CORO:

1665   Argivos não bajulam tipos rúfios.

EGISTO:

Pode esperar que seguirei teu rastro!

CORO:

Não, se um dâimon reconduzir Orestes.

EGISTO:

Sei que a esperança é o pão de quem exula.

CORO:

Tens poder: age, engorda, empesta o justo!

EGISTO:

1670 Sabe que a multa por tolice avulta!

CORO:

Junto à galinha, o galo cocorica!

CLITEMNESTRA:

Não dês ouvido, amigo, a vãos grunhidos.
Nós dois à frente, a urbe logo apruma-se.

ΑΓΑΜΕΜΝΩΝ

ΦΥΛΑΞ

θεοὺς μὲν αἰτῶ τῶνδ᾽ ἀπαλλαγὴν πόνων,
φρουρᾶς ἐτείας μῆκος, ἣν κοιμώμενος
cτέγαις Ἀτρειδῶν ἄγκαθεν, κυνὸς δίκην,
ἄcτρων κάτοιδα νυκτέρων ὁμήγυριν
5   καὶ τοὺς φέροντας χεῖμα καὶ θέροc βροτοῖc
λαμπροὺς δυνάcτας, ἐμπρέποντας αἰθέρι
ἀcτέρας, ὅταν φθίνωcιν ἀντολαῖc τε τῶν·
και νυν φυλαccω λαμπαδος το cυμβολον,
αὐγὴν πυρὸς φέρουσαν ἐκ Τροίας φάτιν
10 ἁλώcιμόν τε βάξιν· ὧδε γὰρ κρατεῖ
γυναικὸς ἀνδρόβουλον ἐλπίζον κέαρ·
εὖτ᾽ ἂν δὲ νυκτίπλαγκτον ἔνδροσόν τ᾽ ἔχω
εὐνὴν ὀνείροιc οὐκ ἐπισκοπουμένην
ἐμήν· φόβος γὰρ ἀνθ᾽ ὕπνου παραcτατεῖ,
15 τὸ μὴ βεβαίωc βλέφαρα cυμβαλεῖν ὕπνωι·
ὅταν δ᾽ ἀείδειν ἢ μινύρεcθαι δοκῶ,
ὕπνου τόδ᾽ ἀντίμολπον ἐντέμνων ἄκος,
κλαίω τότ᾽ οἴκου τοῦδε cυμφορὰν cτένων
οὐχ ὡc τὰ πρόcθ᾽ ἄριcτα διαπονουμένου.
20 νῦν δ᾽ εὐτυχὴς γένοιτ᾽ ἀπαλλαγὴ πόνων
εὐαγγέλου φανέντος ὀρφναίου πυρός.

ὦ χαῖρε λαμπτὴρ νυκτός, ἡμερήσιον
φάος πιφαύσκων καὶ χορῶν κατάστασιν
πολλῶν ἐν Ἄργει τῆσδε συμφορᾶς χάριν.

25 ἰοὺ ἰού·
Ἀγαμέμνονος γυναικὶ σημαίνω τορῶς
εὐνῆς ἐπαντείλασαν ὡς τάχος δόμοις
ὀλολυγμὸν εὐφημοῦντα τῆιδε λαμπάδι
30 ἐπορθιάζειν, εἴπερ Ἰλίου πόλις
ἑάλωκεν, ὡς ὁ φρυκτὸς ἀγγέλλων πρέπει·
αὐτός τ᾽ ἔγωγε φροίμιον χορεύσομαι,
τὰ δεσποτῶν γὰρ εὖ πεσόντα θήσομαι
τρὶς ἓξ βαλούσης τῆσδέ μοι φρυκτωρίας·
35 γένοιτο δ᾽ οὖν μολόντος εὐφιλῆ χέρα
ἄνακτος οἴκων τῆιδε βαστάσαι χερί.
τὰ δ᾽ ἄλλα σιγῶ· βοῦς ἐπὶ γλώσσηι μέγας
βέβηκεν· οἶκος δ᾽ αὐτός, εἰ φθογγὴν λάβοι,
σαφέστατ᾽ ἂν λέξειεν· ὡς ἑκὼν ἐγὼ
μαθοῦσιν αὐδῶ κοὐ μαθοῦσι λήθομαι.

ΧΟΡΟΣ
40 δέκατον μὲν ἔτος τόδ᾽ ἐπεὶ Πριάμου
μέγας ἀντίδικος
Μενέλαος ἄναξ ἠδ᾽ Ἀγαμέμνων,
διθρόνου Διόθεν καὶ δισκήπτρου
τιμῆς ὀχυρὸν ζεῦγος Ἀτρειδᾶν,
45 στόλον Ἀργείων χιλιοναύτην
τῆσδ᾽ ἀπὸ χώρας

ΑΓΑΜΕΜΝΩΝ

ἦραν, cτρατιῶτιν ἀρωγήν,
μεγάλ' ἐκ θυμοῦ κλάζοντεc Ἄρη,
τρόπον αἰγυπιῶν οἵτ' ἐκπατίοιc
50   ἄλγεcι παίδων ὕπατοι λεχέων
cτροφοδινοῦνται
πτερύγων ἐρετμοῖcιν ἐρεccόμενοι,
δεμνιοτήρη
πόνον ὀρταλίχων ὀλέcαντεc·
55   ὕπατοc δ' ἀίων ἤ τιc Ἀπόλλων
ἢ Πὰν ἢ Ζεὺc οἰωνόθροον
γόον ὀξυβόαν τῶνδε μετοίκων,
ὑcτερόποινον
πέμπει παραβᾶcιν Ἐρινύν·
60   οὕτω δ' Ἀτρέωc παῖδαc ὁ κρείccων
ἐπ' Ἀλεξάνδρωι πέμπει ξένιοc
Ζεὺc πολυάνοροc ἀμφὶ γυναικόc,
πολλὰ παλαίcματα καὶ γυιοβαρῆ,
γόνατοc κονίαιcιν ἐρειδομένου
65   διακναιομένηc τ' ἐν προτελείοιc
κάμακοc, θήcων Δαναοῖcιν
Τρωcί θ' ὁμοίωc. ἔcτι δ' ὅπηι νῦν
ἔcτι, τελεῖται δ' ἐc τὸ πεπρωμένον·
οὔθ' ὑποκαίων οὔτ' ἀπολείβων
70   ἀπύρων ἱερῶν
ὀργὰc ἀτενεῖc παραθέλξει.
ἡμεῖc δ' ἀτίται cαρκὶ παλαιᾶι
τῆc τότ' ἀρωγῆc ὑπολειφθέντεc

μίμνομεν ἰσχὺν

75 ἰσόπαιδα νέμοντες ἐπὶ σκήπτροις·

ὅ τε γὰρ νεαρὸς μυελὸς στέρνων

ἐντὸς ἀνάισσων

ἰσόπρεσβυς, Ἄρης δ' οὐκ ἐνὶ χώραι·

τό θ' ὑπέργηρων φυλλάδος ἤδη

80 κατακαρφομένης τρίποδας μὲν ὁδοὺς

στείχει, παιδὸς δ' οὐδὲν ἀρείων

ὄναρ ἡμερόφαντον ἀλαίνει.

σὺ δέ, Τυνδάρεω

θύγατερ, βασίλεια Κλυταιμήστρα,

85 τί χρέος; τί νέον; τί δ' ἐπαισθομένη,

τίνος ἀγγελίας

πειθοῖ περίπεμπτα θυοσκεῖς;

πάντων δὲ θεῶν τῶν ἀστυνόμων,

ὑπάτων, χθονίων, τῶν τε θυραίων

90 τῶν τ' ἀγοραίων

βωμοὶ δώροισι φλέγονται·

ἄλλη δ' ἄλλοθεν οὐρανομήκης

λαμπὰς ἀνίσχει

φαρμασσομένη χρίματος ἁγνοῦ

95 μαλακαῖς ἀδόλοισι παρηγορίαις

πελανῶι μυχόθεν βασιλείωι.

τούτων λέξας' ὅ τι καὶ δυνατὸν

καὶ θέμις, αἴνει παιών τε γενοῦ

τῆσδε μερίμνης,

ΑΓΑΜΕΜΝΩΝ

100 ἦ νῦν τοτὲ μὲν κακόφρων τελέθει,
τοτὲ δ' ἐκ θυcιῶν ἃc ἀναφαίνειc
ἐλπὶc ἀμύνει φροντίδ' ἄπληcτον
†τὴν θυμοφθόρον λύπηc φρένα†.

[cτρ. α κύριόc εἰμι θροεῖν ὅδιον κράτοc αἴcιον ἀνδρῶν
105 cτελέων· ἔτι γὰρ θεόθεν καταπνείει
Πειθώ, †μολπὰν ἀλκὰν† cύμφυτοc αἰών·
ὅπωc Ἀχαιῶν δίθρονον κράτοc, Ἑλλάδοc ἥβαc
110 ξύμφρονα ταγάν,
πέμπει ξὺν δορὶ καὶ χερὶ πράκτορι
θούριοc ὄρνιc Τευκρίδ' ἐπ' αἶαν,
οἰωνῶν βαcιλεὺc βαcιλεῦcι νε-
115 ῶν, ὁ κελαινὸc ὅ τ' ἐξόπιν ἀργᾶc,
φανέντεc ἴκταρ μελάθρων χερὸc ἐκ δοριπάλτου
παμπρέπτοιc ἐν ἕδραιcιν,
βοcκομένω λαγίναν ἐρικύμονα φέρματι γένναν,
120 βλάψαντε λοιcθίων δρόμων·
αἴλινον αἴλινον εἰπέ, τὸ δ' εὖ νικάτω.

[ἀντ. α κεδνὸc δὲ cτρατόμαντιc ἰδὼν δύο λήμαcι διccοὺc
Ἀτρεΐδαc μαχίμουc ἐδάη λαγοδαίταc,
125 πομποὺc ἀρχᾶc, οὕτω δ' εἶπε τεράιζων·
"χρόνωι μὲν ἀγρεῖ Πριάμου πόλιν ἅδε κέλευθοc,
πάντα δὲ πύργων
κτήνη πρόcθετα δημιοπληθῆ
130 Μοῖρα λαπάξει πρὸc τὸ βίαιον·
οἶον μή τιc ἄγα θεόθεν κνεφά-

σηι προτυπὲν cτόμιον μέγα Τροίαc
cτρατωθέν· οἴκτωι γὰρ ἐπίφθονος Ἄρτεμις ἁγνὰ
135　πτανοῖcιν κυcὶ πατρὸc
cτυγεῖ δὲ δεῖπνον αἰετῶν."
αἴλινον αἴλινον εἰπέ, τὸ δ' εὖ νικάτω.

[ἐπωιδ.　"τόcον περ εὔφρων ἁ καλὰ
141　δρόcοιc ἀέπτοιc μαλερῶν λεόντων
πάντων τ' ἀγρονόμων φιλομάcτοιc
θηρῶν ὀβρικάλοιcι τερπνά,
τούτων αἰτεῖ ξύμβολα κρᾶναι,
145　δεξιὰ μὲν κατάμομφα δὲ φάcματα·
ἰήιον δὲ καλέω Παιᾶνα,
μή τιναc ἀντιπνόουc Δαναοῖc χρονί-
αc ἐχενῆιδαc ἀπλοίαc
150　τεύξηι cπευδομένα θυcίαν ἑτέραν ἄνομόν τιν' ἄδαιτον,
νεικέων τέκτονα cύμφυτον, οὐ δει-
cήνορα· μίμνει γὰρ φοβερὰ παλίνορτοc
155　οἰκονόμοc δολία, μνάμων Μῆνιc τεκνόποινοc."
τοιάδε Κάλχαc ξὺν μεγάλοιc ἀγαθοῖc ἀπέκλαγξεν
μόρcιμ' ἀπ' ὀρνίθων ὁδίων οἴκοιc βαcιλείοιc·
τοῖc δ' ὁμόφωνον
αἴλινον αἴλινον εἰπέ, τὸ δ' εὖ νικάτω.

[cτρ. β　Ζεὺc ὅcτιc ποτ' ἐcτίν, εἰ τόδ' αὐ-
161　τῶι φίλον κεκλημένωι,
τοῦτό νιν προcεννέπω·

ΑΓΑΜΕΜΝΩΝ

οὐκ ἔχω προσεικάσαι
πάντ' ἐπισταθμώμενος
165   πλὴν Διός, εἰ τὸ μάταν ἀπὸ φροντίδος ἄχθος
χρὴ βαλεῖν ἐτητύμως·

[ἀντ. β   οὐδ' ὅςτις πάροιθεν ἦν μέγας,
παμμάχωι θράςει βρύων,
170   οὐδὲ λέξεται πρὶν ὤν·
ὃς δ' ἔπειτ' ἔφυ, τρια-
κτῆρος οἴχεται τυχών·
Ζῆνα δέ τις προφρόνως ἐπινίκια κλάζων
175   τεύξεται φρενῶν τὸ πᾶν,

[cτρ. γ   τὸν φρονεῖν βροτοὺς ὁδώ-
cαντα, τὸν πάθει μάθος
θέντα κυρίως ἔχειν·
cτάζει δ' ἔν γ' ὕπνωι πρὸ καρδίας
180   μνηςιπήμων πόνος· καὶ παρ' ἄ-
κοντας ἦλθε cωφρονεῖν·
δαιμόνων δέ που χάρις βίαιος
cέλμα cεμνὸν ἡμένων.

[ἀντ. γ   καὶ τόθ' ἡγεμὼν ὁ πρέ-
185   cβυς νεῶν Ἀχαιικῶν,
μάντιν οὔτινα ψέγων,
ἐμπαίοις τύχαιςι cυμπνέων,
εὖτ' ἀπλοίαι κεναγγεῖ βαρύ-

νοντ' Ἀχαιικὸc λεώc,

190 Χαλκίδοc πέραν ἔχων παλιρρό-
χθοιc ἐν Αὐλίδοc τόποιc·

[cτρ. δ πνοαὶ δ' ἀπὸ Cτρυμόνοc μολοῦcαι
κακόcχολοι, νήcτιδεc, δύcορμοι,
βροτῶν ἄλαι,

195 ναῶν ⟨τε⟩ καὶ πειcμάτων ἀφειδεῖc,
παλιμμήκη χρόνον τιθεῖcαι
τρίβωι κατέξαινον ἄνθοc Ἀργεί-
ων· ἐπεὶ δὲ καὶ πικροῦ
χείματοc ἄλλο μῆχαρ

200 βριθύτερον πρόμοιcιν
μάντιc ἔκλαγξεν προφέρων
Ἄρτεμιν, ὥcτε χθόνα βάκ-
τροιc ἐπικρούcανταc Ἀτρεί-
δαc δάκρυ μὴ καταcχεῖν·

[ἀντ. δ ἄναξ δ' ὁ πρέcβυc τόδ' εἶπε φωνῶν·
206 "βαρεῖα μὲν κὴρ τὸ μὴ πιθέcθαι,
βαρεῖα δ' εἰ
τέκνον δαΐξω, δόμων ἄγαλμα,
μιαίνων παρθενοcφάγοιcιν

210 ῥείθροιc πατρώιουc χέραc πέλαc βω-
μοῦ· τί τῶνδ' ἄνευ κακῶν;
πῶc λιπόναυc γένωμαι
ξυμμαχίαc ἁμαρτών;

παυσανέμου γὰρ θυσίας
215 παρθενίου θ' αἵματος ὀρ-
γᾶι περιόργωι σφ' ἐπιθυ-
μεῖν θέμις. εὖ γὰρ εἴη."

[στρ. ε ἐπεὶ δ' ἀνάγκας ἔδυ λέπαδνον
φρενὸς πνέων δυσσεβῆ τροπαίαν
220 ἄναγνον ἀνίερον, τόθεν
τὸ παντότολμον φρονεῖν μετέγνω·
βροτοὺς θρασύνει γὰρ αἰσχρόμητις
τάλαινα παρακοπὰ πρωτοπήμων·
ἔτλα δ' οὖν θυτὴρ γενέ-
225 σθαι θυγατρός, γυναικοποί-
νων πολέμων ἀρωγὰν
καὶ προτέλεια ναῶν.

[ἀντ. ε λιτὰς δὲ καὶ κληδόνας πατρώιους
παρ' οὐδὲν αἰῶνα παρθένειόν τ'
230 ἔθεντο φιλόμαχοι βραβῆς·
φράσεν δ' ἀόζοις πατὴρ μετ' εὐχὰν
δίκαν χιμαίρας ὕπερθε βωμοῦ
πέπλοισι περιπετῆ παντὶ θυμῶι
προνωπῆ λαβεῖν ἀέρ-
235 δην στόματός τε καλλιπρώι-
ρου φυλακᾶι κατασχεῖν
φθόγγον ἀραῖον οἴκοις,

[στρ. ζ βίαι χαλινῶν τ' ἀναύδωι μένει·
κρόκου βαφὰς δ' ἐς πέδον χέουςα
240 ἔβαλλ' ἕκαστον θυτή-
ρων ἀπ' ὄμματος βέλει φιλοίκτωι,
πρέπουςά θ' ὡς ἐν γραφαῖς, προςεννέπειν
θέλους', ἐπεὶ πολλάκις
πατρὸς κατ' ἀνδρῶνας εὐτραπέζους
245 ἔμελψεν, ἁγνᾶι δ' ἀταύρωτος αὐδᾶι πατρὸς
φίλου τριτόςπονδον εὔποτμον παι-
ῶνα φίλως ἐτίμα.
[ἀντ. ζ τὰ δ' ἔνθεν οὔτ' εἶδον οὔτ' ἐννέπω·
τέχναι δὲ Κάλχαντος οὐκ ἄκραντοι.
250 Δίκα δὲ τοῖς μὲν παθοῦ-
ςιν μαθεῖν ἐπιρρέπει· τὸ μέλλον δ'
ἐπεὶ γένοιτ' ἂν κλύοις· πρὸ χαιρέτω·
ἴςον δὲ τῶι προςτένειν·
τορὸν γὰρ ἥξει ςύνορθρον αὐγαῖς.
255 πέλοιτο δ' οὖν τἀπὶ τούτοισιν εὖ πρᾶξις, ὡς
θέλει τόδ' ἄγχιστον Ἀπίας γαί-
ας μονόφρουρον ἕρκος.

ΑΓΑΜΕΜΝΩΝ

ἥκω cεβίζων cόν, Κλυταιμήcτρα, κράτος·
δίκη γάρ ἐcτι φωτὸς ἀρχηγοῦ τίειν
260   γυναῖκ', ἐρημωθέντος ἄρcενος θρόνου.
cὺ δ' εἴ τι κεδνὸν εἴτε μὴ πεπυcμένη
εὐαγγέλοιcιν ἐλπίcιν θυηπολεῖς,
κλύοιμ' ἂν εὔφρων· οὐδὲ cιγώcηι φθόνος.

ΚΛΥΤΑΙΜΗCΤΡΑ
εὐάγγελος μέν, ὥcπερ ἡ παροιμία,
265   ἕως γένοιτο μητρὸς εὐφρόνης πάρα·
πεύcηι δὲ χάρμα μεῖζον ἐλπίδος κλύειν·
Πριάμου γὰρ ἡιρήκαcιν Ἀργεῖοι πόλιν.

Χο.
πῶς φήις; πέφευγε τοὖπος ἐξ ἀπιcτίας.

Κλ.
Τροίαν Ἀχαιῶν οὖcαν· ἢ τορῶς λέγω;

Χο.
270   χαρά μ' ὑφέρπει δάκρυον ἐκκαλουμένη.

Κλ.
εὖ γὰρ φρονοῦντος ὄμμα coῦ κατηγορεῖ.

Χο.
τί γὰρ τὸ πιcτόν; ἔcτι τῶνδέ coι τέκμαρ;

Κλ.

ἔςτιν, τί δ᾽ οὐχί; μὴ δολώςαντος θεοῦ.

Χο.

πότερα δ᾽ ὀνείρων φάςματ᾽ εὐπιθῆ cέβεις;

Κλ.

275   οὐ δόξαν ἂν λάβοιμι βριζούςης φρενός.

Χο.

ἀλλ᾽ ἦ c᾽ ἐπίανέν τις ἄπτερος φάτις;

Κλ.

παιδὸς νέας ὣς κάρτ᾽ ἐμωμήςω φρένας.

Χο.

ποίου χρόνου δὲ καὶ πεπόρθηται πόλις;

Χο.

ποίου χρόνου δὲ καὶ πεπόρθηται πόλις;

Κλ.

τῆς νῦν τεκούςης φῶς τόδ᾽ εὐφρόνης λέγω.

Χο.

280   καὶ τίς τόδ᾽ ἐξίκοιτ᾽ ἂν ἀγγέλων τάχος;

ΑΓΑΜΕΜΝΩΝ

Κλ.
Ἥφαιστος, Ἴδης λαμπρὸν ἐκπέμπων σέλας·
φρυκτὸς δὲ φρυκτὸν δεῦρ' ἀπ' ἀγγάρου πυ῾ὸς
ἔπεμπεν. Ἴδη μὲν πρὸς Ἑρμαῖον λέπας
Λήμνου, μέγαν δὲ πανὸν ἐκ νήσου τρίτον

285   Ἀθῶιον αἶπος Ζηνὸς ἐξεδέξατο·
ὑπερτελὴς δὲ πόντον ὥστε νωτίσαι
ἰσχὺς πορευτοῦ λαμπάδος πρὸς ἡδονὴν
⟨   ⟩
πεύκη τὸ χρυσοφεγγὲς ὥς τις ἥλιος
σέλας παραγγείλασα Μακίστου σκοπαῖς.

290   ὁ δ' οὔτι μέλλων οὐδ' ἀφρασμόνως ὕπνωι
νικώμενος παρῆκεν ἀγγέλου μέρος,
ἑκὰς δὲ φρυκτοῦ φῶς ἐπ' Εὐρίπου ῥοὰς
Μεσσαπίου φύλαξι σημαίνει μολόν.

οἱ δ' ἀντέλαμψαν καὶ παρήγγειλαν πρόσω
295   γραίας ἐρείκης θωμὸν ἅψαντες πυρί·
σθένουσα λαμπὰς δ' οὐδέ πω μαυρουμένη,
ὑπερθοροῦσα πεδίον Ἀσωποῦ, δίκην
φαιδρᾶς σελήνης, πρὸς Κιθαιρῶνος λέπας
ἤγειρεν ἄλλην ἐκδοχὴν πομποῦ πυρός.

300   φάος δὲ τηλέπομπον οὐκ ἠναίνετο
φρουρά, πλέον καίουσα τῶν εἰρημένων·
λίμνην δ' ὑπὲρ γοργῶπιν ἔσκηψεν φάος,
ὄρος τ' ἐπ' αἰγίπλαγκτον ἐξικνούμενον
305   ὤτρυνε θεσμὸν †μὴ χαρίζεσθαι† πυρός·
πέμπουσι δ' ἀνδαίοντες ἀφθόνωι μένει

φλογὸς μέγαν πώγωνα †καὶ Cαρωνικοῦ
πορθμοῦ κάτοπτον πρῶν' ὑπερβάλλειν πρόcω
φλέγουcαν†· εἶτ' ἔcκηψεν, εἶτ' ἀφίκετο
Ἀραχναῖον αἶποc, ἀcτυγείτοναc cκοπάc,
κἄπειτ' Ἀτρειδῶν ἐc τόδε cκήπτει cτέγοc
φάοc τόδ' οὐκ ἄπαππον Ἰδαίου πυρόc.
τοιοίδε τοί μοι λαμπαδηφόρων νόμοι,
ἄλλοc παρ' ἄλλου διαδοχαῖc πληρούμενοι·
νικᾶι δ' ὁ πρῶτοc καὶ τελευταῖοc δραμών.
τέκμαρ τοιοῦτον cύμβολόν τέ cοι λέγω
ἀνδρὸc παραγγείλαντοc ἐκ Τροίαc ἐμοί.

Χο.

θεοῖc μὲν αὖθιc, ὦ γύναι, προcεύξομαι·
λόγουc δ' ἀκοῦcαι τούcδε κἀποθαυμάcαι
διηνεκῶc θέλοιμ' ἄν, ὡc λέγοιc πάλιν.

Κλ.

Τροίαν Ἀχαιοὶ τῆιδ' ἔχουc' ἐν ἡμέραι.
οἶμαι βοὴν ἄμεικτον ἐν πόλει πρέπειν·
ὄξοc τ' ἄλειφά τ' ἐγχέαc ταὐτῶι κύτει
διχοcτατοῦντ' ἄν οὐ φίλω προcεννέποιc·
καὶ τῶν ἁλόντων καὶ κρατηcάντων δίχα
φθογγὰc ἀκούειν ἔcτι, cυμφορᾶc διπλῆc·
οἱ μὲν γὰρ ἀμφὶ cώμαcιν πεπτωκότεc
ἀνδρῶν καcιγνήτων τε καὶ †φυταλμίων
παῖδεc γερόντων† οὐκέτ' ἐξ ἐλευθέρου

ΑΓΑΜΕΜΝΩΝ

δέρης ἀποιμώζουσι φιλτάτων μόρον·

330 τοὺς δ' αὖτε νυκτίπλαγκτος ἐκ μάχης πόνος
νήστεις πρὸς ἀρίστοισιν ὧν ἔχει πόλις
τάσσει, πρὸς οὐδὲν ἐν μέρει τεκμήριον,
ἀλλ' ὡς ἕκαστος ἔσπασεν τύχης πάλον.
ἐν ⟨δ'⟩ αἰχμαλώτοις Τρωϊκοῖς οἰκήμασιν

335 ναίουσιν ἤδη, τῶν ὑπαιθρίων πάγων
δρόσων τ' ἀπαλλαχθέντες, ὡς δ' εὐδαίμονες
ἀφύλακτον εὑδήσουσι πᾶσαν εὐφρόνην.
εἰ δ' εὐσεβοῦσι τοὺς πολισσούχους θεοὺς
τοὺς τῆς ἁλούσης γῆς θεῶν θ' ἱδρύματα,

340 οὔ τἂν ἑλόντες αὖθις ἀνθαλοῖεν ἄν·
ἔρως δὲ μή τις πρότερον ἐμπίπτηι στρατῶι
πορθεῖν ἃ μὴ χρή, κέρδεσιν νικωμένους·
δεῖ γὰρ πρὸς οἴκους νοστίμου σωτηρίας,
κάμψαι διαύλου θάτερον κῶλον πάλιν.

345 θεοῖς δ' ἀναμπλάκητος εἰ μόλοι στρατός,
ἐγρηγορὸς τὸ πῆμα τῶν ὀλωλότων
γένοιτ' ἄν, εἰ πρόσπαια μὴ τύχοι κακά.
τοιαῦτά τοι γυναικὸς ἐξ ἐμοῦ κλύεις·
τὸ δ' εὖ κρατοίη μὴ διχορρόπως ἰδεῖν·

350 πολλῶν γὰρ ἐσθλῶν τὴν ὄνησιν εἱλόμην.

Χο.
γύναι, κατ' ἄνδρα σώφρον' εὐφρόνως λέγεις·
ἐγὼ δ' ἀκούσας πιστά σου τεκμήρια

θεοὺς προσειπεῖν εὖ παρασκευάζομαι·
χάρις γὰρ οὐκ ἄτιμος εἴργασται πόνων.

355

ὦ Ζεῦ βασιλεῦ καὶ Νὺξ φιλία
μεγάλων κόςμων κτεάτειρα,
ἥτ' ἐπὶ Τροίας πύργοις ἔβαλες
ςτεγανὸν δίκτυον, ὡς μήτε μέγαν
μήτ' οὖν νεαρῶν τιν' ὑπερτελέςαι

360

μέγα δουλείας
γάγγαμον ἄτης παναλώτου·
Δία τοι ξένιον μέγαν αἰδοῦμαι
τὸν τάδε πράξαντ', ἐπ' Ἀλεξάνδρωι
τείνοντα πάλαι τόξον, ὅπως ἂν

365

μήτε πρὸ καιροῦ μήθ' ὑπὲρ ἄςτρων
βέλος ἠλίθιον ςκήψειεν.

[ςτρ. α

Διὸς πλαγὰν ἔχουςιν εἰπεῖν,
πάρεςτιν τοῦτό γ' ἐξιχνεῦςαι·
ἔπραξεν ὡς ἔκρανεν· οὐκ ἔφα τις

370

θεοὺς βροτῶν ἀξιοῦςθαι μέλειν
ὅςοις ἀθίκτων χάρις
πατοῖθ'· ὁ δ' οὐκ εὐςεβής·
πέφανται δ' ἐγγόνοις

375

†ἀτολμήτων ἄρη†
ὑπὲρ τὸ βέλτιςτον· ἔςτω δ' ἀπή-

ΑΓΑΜΕΜΝΩΝ

φλεόντων δωμάτων ὑπέρφευ
μαντον, ὥcτ' ἀπαρκεῖν
380 εὖ πραπίδων λαχόντι.
οὐ γὰρ ἔcτιν ἔπαλξιc
πλούτου πρὸc Κόρον ἀνδρὶ
λακτίcαντι μέγαν Δίκαc
βωμὸν εἰc ἀφάνειαν.

[ἀντ. α βιᾶται δ' ἁ τάλαινα Πειθώ,
385 προβούλου παῖc ἄφερτοc Ἄταc·
ἄκοc δὲ πᾶν μάταιον· οὐκ ἐκρύφθη,
πρέπει δέ, φῶc αἰνολαμπέc, cίνοc·
390 κακοῦ δὲ χαλκοῦ τρόπον
τρίβωι τε καὶ προcβολαῖc
μελαμπαγὴc πέλει
δικαιωθείc, ἐπεὶ
διώκει παῖc ποτανὸν ὄρνιν,
395 πόλει πρόcτριμμα θεὶc ἄφερτον.
λιτᾶν δ' ἀκούει μὲν οὔτιc θεῶν,
τὸν δ' ἐπίcτροφον τῶν
φῶτ' ἄδικον καθαιρεῖ·
οἷοc καὶ Πάριc ἐλθὼν
400 ἐc δόμον τὸν Ἀτρειδᾶν
ἤιcχυνε ξενίαν τράπε-
ζαν κλοπαῖcι γυναικόc.

[στρ. β

405

λιποῦca δ' ἀcτοῖcιν ἀcπίcτορας
κλόνους λοχιcμούc τε καὶ
ναυβάτας ὁπλιcμούς,
ἄγουcά τ' ἀντίφερνον 'Ιλίωι φθοράν,
βεβάκει ῥίμφα διὰ
πυλᾶν ἄτλητα τλᾶcα. πολὺ δ' ἀνέcτενον
τόδ' ἐννέποντες δόμων προφῆται·

410

"ἰὼ ἰὼ δῶμα δῶμα καὶ πρόμοι,
ἰὼ λέχος καὶ cτίβοι φιλάνορες·
πάρεcτι †ciγᾶc ἄτιμος ἀλοίδορος
ἄδιcτος ἀφεμένων† ἰδεῖν·
πόθωι δ' ὑπερποντίας

415

φάcμα δόξει δόμων ἀνάccειν·
εὐμόρφων δὲ κολοccῶν
ἔχθεται χάρις ἀνδρί,
ὀμμάτων δ' ἐν ἀχηνίαις
ἔρρει πᾶc' Ἀφροδίτα.

[ἀντ. β

420

ὀνειρόφαντοι δὲ πενθήμονες
πάρειcι δόξαι φέρου-
cαι χάριν ματαίαν·
μάταν γάρ, εὖτ' ἂν ἐcθλά τις δοκοῦνθ' ὁρᾶι,
παραλλάξαcα διὰ

425

χερῶν βέβακεν ὄψις, οὐ μεθύcτερον
πτεροῖς ὀπαδοῦc' ὕπνου κελεύθοις."
τὰ μὲν κατ' οἴκους ἐφ' ἑcτίας ἄχη
τάδ' ἐcτὶ καὶ τῶνδ' ὑπερβατώτερα·

ΑΓΑΜΕΜΝΩΝ

το παν δ' αφ' Έλλανος αίας cυνορμένοιcι πέν-
430   θεια τληcικάρδιοc
δόμωι 'ν έκάcτου πρέπει.

πολλά γοῦν θιγγάνει πρὸc ἧπαρ·
οὓc μὲν γάρ ⟨τιc⟩ ἔπεμψεν
οἶδεν, ἀντὶ δὲ φωτῶν
435   τεύχη καὶ cποδὸc εἰc ἑκά-
cτου δόμουc ἀφικνεῖται.

[cτρ. γ   ὁ χρυcαμοιβὸc δ' Ἄρηc cωμάτων
καὶ ταλαντοῦχοc ἐν μάχηι δορὸc
440   πυρωθὲν ἐξ 'Ιλίου
φίλοιcι πέμπει βαρὺ
ψῆγμα δυcδάκρυτον ἀντ-
ήνοροc cποδοῦ γεμί-
ζων λέβηταc εὐθέτου.
445   cτένουcι δ' εὖ λέγοντεc ἄνδρα τὸν μὲν ὡc μάχηc ἴδριc,
τὸν δ' ἐν φοναῖc καλῶc πεcόντ',
ἀλλοτρίαc διαὶ γυναι-
κόc· τάδε cῖγά τιc βαΰ-
450   ζει, φθονερὸν δ' ὑπ' ἄλγοc ἕρ-
πει προδίκοιc Ἀτρείδαιc.
οἱ δ' αὐτοῦ περὶ τεῖχοc
θήκαc 'Ιλιάδοc γᾶc
εὔμορφοι κατέχουcιν, ἐχ-
455   θρὰ δ' ἔχονταc ἔκρυψεν.

132

[ἀντ. γ

βαρεῖα δ᾽ ἀστῶν φάτις ςὺν κότωι,
δημοκράντου δ᾽ ἀρᾶς τίνει χρέος·
μένει δ᾽ ἀκοῦςαί τί μου

460   μέριμνα νυκτηρεφές·
τῶν πολυκτόνων γὰρ οὐκ
ἄςκοποι θεοί, κελαι-
ναὶ δ᾽ Ἐρινύες χρόνωι
τυχηρὸν ὄντ᾽ ἄνευ δίκας

465   παλιντυχεῖ τριβᾶι βίου
τιθεῖς᾽ ἀμαυρόν, ἐν δ᾽ ἀί-
ςτοις τελέθοντος οὔτις ἀλ-
κά· τὸ δ᾽ ὑπερκόπως κλύειν
εὖ βαρύ· βάλλεται γὰρ οἴ-

470   κοις Διόθεν κεραυνός.
κρίνω δ᾽ ἄφθονον ὄλβον·
μήτ᾽ εἴην πτολιπόρθης,
μήτ᾽ οὖν αὐτὸς ἁλοὺς ὑπ᾽ ἄλ-
λωι βίον κατίδοιμι.

[ἐπωιδ.

πυρὸς δ᾽ ὑπ᾽ εὐαγγέλου

476   πόλιν διήκει θοὰ
βάξις· εἰ δ᾽ ἐτήτυμος,
τίς οἶδεν, ἤ τι θεῖόν ἐςτί πηι ψύθος;
τίς ὧδε παιδνὸς ἢ φρενῶν κεκομμένος,

480   φλογὸς παραγγέλμαςιν
νέοις πυρωθέντα καρδίαν, ἔπειτ᾽
ἀλλαγᾶι λόγου καμεῖν;

ΑΓΑΜΕΜΝΩΝ

γυναικὸς αἰχμᾶι πρέπει
πρὸ τοῦ φανέντος χάριν ξυναινέcαι·
πιθανὸς ἄγαν ὁ θῆλυς ὅρος ἐπινέμεται
ταχύπορος· ἀλλὰ ταχύμορον
γυναικογήρυτον ὅλλυται κλέος.

485

Κλ.

τάχ᾽ εἰcόμεcθα λαμπάδων φαεcφόρων
φρυκτωριῶν τε καὶ πυρὸς παραλλαγάς,
εἴτ᾽ οὖν ἀληθεῖς εἴτ᾽ ὀνειράτων δίκην
τερπνὸν τόδ᾽ ἐλθὸν φῶς ἐφήλωcεν φρένας·.
κήρυκ᾽ ἀπ᾽ ἀκτῆς τόνδ᾽ ὁρῶ κατάσκιον
κλάδοις ἐλαίας· μαρτυρεῖ δέ μοι κάcις
πηλοῦ ξύνουρος διψία κόνις τάδε,
ὡς οὔτ᾽ ἄναυδος οὔτε cοι δαίων φλόγα
ὕλης ὀρείας cημανεῖ καπνῶι πυρός·
ἀλλ᾽ ἢ τὸ χαίρειν μᾶλλον ἐκβάξει λέγων·
τὸν ἀντίον δὲ τοῖcδ᾽ ἀποστέργω λόγον·
εὖ γὰρ πρὸς εὖ φανεῖcι προσθήκη πέλοι.

490

495

500

Χο.

ὅcτις τάδ᾽ ἄλλως τῆιδ᾽ ἐπεύχεται πόλει,
αὐτὸς φρενῶν καρποῖτο τὴν ἁμαρτίαν.

ΚΗΡΥΞ

ἰὼ πατρῶιον οὖδας Ἀργείας χθονός,
δεκάτου cε φέγγει τῶιδ᾽ ἀφικόμην ἔτους,

505 πολλῶν ῥαγεισῶν ἐλπίδων μιᾶς τυχών·
οὐ γάρ ποτ᾽ ηὔχουν τῆιδ᾽ ἐν Ἀργείαι χθονὶ
θανὼν μεθέξειν φιλτάτου τάφου μέρος.
νῦν χαῖρε μὲν χθών, χαῖρε δ᾽ ἡλίου φάος,
ὕπατός τε χώρας Ζεὺς ὁ Πύθιός τ᾽ ἄναξ,
510 τόξοις ἰάπτων μηκέτ᾽ εἰς ἡμᾶς βέλη·
ἅλις παρὰ Σκάμανδρον ἦσθ᾽ ἀνάρσιος·
νῦν δ᾽ αὖτε σωτὴρ ἴσθι καὶ παιώνιος,
ἄναξ Ἄπολλον· τούς τ᾽ ἀγωνίους θεοὺς
πάντας προσαυδῶ τόν τ᾽ ἐμὸν τιμάορον
515 Ἑρμῆν, φίλον κήρυκα, κηρύκων σέβας,
ἥρως τε τοὺς πέμψαντας, εὐμενεῖς πάλιν
στρατὸν δέχεσθαι τὸν λελειμμένον δορός.
ἰὼ μέλαθρα βασιλέων, φίλαι στέγαι,
σεμνοί τε θᾶκοι δαίμονές τ᾽ ἀντήλιοι,
520 εἴ που πάλαι, φαιδροῖσι τοισίδ᾽ ὄμμασιν
δέξασθε κόσμωι βασιλέα πολλῶι χρόνωι·
ἥκει γὰρ ὑμῖν φῶς ἐν εὐφρόνηι φέρων
καὶ τοῖσδ᾽ ἅπασι κοινὸν Ἀγαμέμνων ἄναξ.
ἀλλ᾽ εὖ νιν ἀσπάσασθε, καὶ γὰρ οὖν πρέπει,
525 Τροίαν κατασκάψαντα τοῦ δικηφόρου
Διὸς μακέλληι, τῆι κατείργασται πέδον.
βωμοὶ δ᾽ ἄιστοι καὶ θεῶν ἱδρύματα,
καὶ σπέρμα πάσης ἐξαπόλλυται χθονός·
τοιόνδε Τροίαι περιβαλὼν ζευκτήριον
530 ἄναξ Ἀτρείδης πρέσβυς εὐδαίμων ἀνὴρ
ἥκει· τίεσθαι δ᾽ ἀξιώτατος βροτῶν

ΑΓΑΜΕΜΝΩΝ

τῶν νῦν· Πάρις γὰρ οὔτε cυντελὴς πόλις
ἐξεύχεται τὸ δρᾶμα τοῦ πάθους πλέον·
ὀφλὼν γὰρ ἁρπαγῆς τε καὶ κλοπῆς δίκην
535 τοῦ ῥυcίου θ' ἤμαρτε καὶ πανώλεθρον
αὐτόχθονον πατρῶιον ἔθρισεν δόμον·
διπλᾶ δ' ἔτεισαν Πριαμίδαι θἀμάρτια.

Χο.
κῆρυξ Ἀχαιῶν χαῖρε τῶν ἀπὸ cτρατοῦ.

Κη.
χαίρω· τὸ τεθνάναι δ' οὐκέτ' ἀντερῶ θεοῖc.

Χο.
540 ἔρωc πατρώιαc τῆcδε γῆc c' ἐγύμναcεν;

Κη.
ὥcτ' ἐνδακρύειν γ' ὄμμαcιν χαρᾶc ὕπο.

Χο.
τερπνῆc ἄρ' ἦτε τῆcδ' ἐπήβολοι νόcου.

Κη.
πῶc δή; διδαχθεὶc τοῦδε δεcπόcω λόγου.

Χο.
τῶν ἀντερώντων ἱμέρωι πεπληγμένοι.

Κη.

πόθεῖν ποθοῦντα τήνδε γῆν cτρατὸν λέγεις;

Χο.

ὡς πόλλ' ἀμαυρᾶς ἐκ φρενός ⟨μ'⟩ ἀναcτένειν.

Κη.

πόθεν τὸ δύcφρον τοῦτ' ἐπῆν cτύγος †cτρατῶι† ;

Χο.

πάλαι τὸ cιγᾶν φάρμακον βλάβης ἔχω.

Κη.

καὶ πῶς; ἀπόντων κοιράνων ἔρεις τινάς;

Χο.

ὡς νῦν, τὸ còν δή, καὶ θανεῖν πολλὴ χάρις.

Κη.

εὖ γὰρ πέπρακται. ταὐτὰ δ' ἐν πολλῶι χρόνωι
τὰ μέν τις ἂν λέξειεν εὐπετῶς ἔχειν,
τὰ δ' αὖτε κἀπίμομφα. τίς δὲ πλὴν θεῶν
ἅπαντ' ἀπήμων τὸν δι' αἰῶνος χρόνον;
μόχθους γὰρ εἰ λέγοιμι καὶ δυcαυλίας,
cπαρνὰς παρήξεις καὶ κακοcτρώτους, τί δ' οὐ
cτένοντες, οὐ λαχόντες ἤματος μέρος;
τὰ δ' αὖτε χέρcωι καὶ προcῆν πλέον cτύγος·

ΑΓΑΜΕΜΝΩΝ

εὐναὶ γὰρ ἦσαν δαΐων πρὸς τείχεσιν,
560 ἐξ οὐρανοῦ δὲ κἀπὸ γῆς λειμώνιαι
δρόσοι κατεψάκαζον, ἔμπεδον cίνος,
ἐcθημάτων τιθέντες ἔνθηρον τρίχα.
χειμῶνα δ᾽ εἰ λέγοι τις οἰωνοκτόνον,
οἷον παρεῖχ᾽ ἄφερτον Ἰδαία χιών,
565 ἢ θάλπος, εὖτε πόντος ἐν μεσημβριναῖc
κοίταις ἀκύμων νηνέμοις εὕδοι πεcών·
τί ταῦτα πενθεῖν δεῖ; παροίχεται πόνος·
παροίχεται δέ, τοῖcι μὲν τεθνηκόcιν
τὸ μήποτ᾽ αὖθις μηδ᾽ ἀναστῆναι μέλειν,
570 [573] ἡμῖν δὲ τοῖc λοιποῖcιν Ἀργείων cτρατοῦ
[574] νικᾷ τὸ κέρδος, πῆμα δ᾽ οὐκ ἀντιρρέπει.
[570] τί τοὺς ἀναλωθέντας ἐν ψήφωι λέγειν,
[571] τὸν ζῶντα δ᾽ ἀλγεῖν χρὴ τύχης παλιγκότου;
[572] καὶ πολλὰ χαίρειν cυμφοραῖς καταξιῶ,
575 ὡς κομπάcαι τῶιδ᾽ εἰκὸς ἡλίου φάει
ὑπὲρ θαλάccης καὶ χθονὸς ποτωμένοις
"Τροίαν ἑλόντες δή ποτ᾽ Ἀργείων cτόλος
θεοῖc λάφυρα ταῦτα τοῖc καθ᾽ Ἑλλάδα
δόμοις ἐπαccάλευcαν ἀρχαῖον γάνος".
580 τοιαῦτα χρὴ κλύοντας εὐλογεῖν πόλιν
καὶ τοὺς στρατηγούς· καὶ χάρις τιμήcεται
Διὸς τάδ᾽ ἐκπράξαcα. πάντ᾽ ἔχεις λόγον.

Χο.
νικώμενος λόγοιcιν οὐκ ἀναίνομαι,

ἀεὶ γὰρ ἥβαι τοῖς γέρουςιν εὐμαθεῖν.

585 δόμοις δὲ ταῦτα καὶ Κλυταιμήςτραι μέλειν
εἰκὸς μάλιςτα, ςὺν δὲ πλουτίζειν ἐμέ.

Κλ.

ἀνωλόλυξα μὲν πάλαι χαρᾶς ὕπο,
ὅτ᾽ ἦλθ᾽ ὁ πρῶτος νύχιος ἄγγελος πυρὸς
φράζων ἅλωςιν Ἰλίου τ᾽ ἀνάςταςιν·
590 καί τίς μ᾽ ἐνίπτων εἶπε "φρυκτωρῶν διὰ
πειςθεῖςα Τροίαν νῦν πεπορθῆςθαι δοκεῖς;
ἦ κάρτα πρὸς γυναικὸς αἴρεςθαι κέαρ."
λόγοις τοιούτοις πλαγκτὸς οὖς᾽ ἐφαινόμην·
ὅμως δ᾽ ἔθυον, καὶ γυναικείωι νόμωι
595 ὀλολυγμὸν ἄλλος ἄλλοθεν κατὰ πτόλιν
ἔλαςκον εὐφημοῦντες, ἐν θεῶν ἕδραις
θυηφάγον κοιμῶντες εὐώδη φλόγα.
καὶ νῦν τὰ μάςςω μὲν τί δεῖ ς᾽ ἐμοὶ λέγειν;
ἄνακτος αὐτοῦ πάντα πεύςομαι λόγον.
600 ὅπως δ᾽ ἄριςτα τὸν ἐμὸν αἰδοῖον πόςιν
ςπεύςω πάλιν μολόντα δέξαςθαι· τί γὰρ
γυναικὶ τούτου φέγγος ἥδιον δρακεῖν,
ἀπὸ ςτρατείας ἄνδρα ςώςαντος θεοῦ
πύλας ἀνοῖξαι; ταῦτ᾽ ἀπάγγειλον πόςει,
605 ἥκειν ὅπως τάχιςτ᾽ ἐράςμιον πόλει·
γυναῖκα πιςτὴν δ᾽ ἐν δόμοις εὕροι μολὼν
οἵανπερ οὖν ἔλειπε, δωμάτων κύνα
ἐςθλὴν ἐκείνωι, πολεμίαν τοῖς δύςφροςιν,

ΑΓΑΜΕΜΝΩΝ

καὶ τἄλλ᾽ ὁμοίαν πάντα, cημαντήριον
610 οὐδὲν διαφθείραcαν ἐν μήκει χρόνου·
οὐδ᾽ οἶδα τέρψιν οὐδ᾽ ἐπίψογον φάτιν
ἄλλου πρὸc ἀνδρὸc μᾶλλον ἢ χαλκοῦ βαφάc.
τοιόcδ᾽ ὁ κόμποc, τῆc ἀληθείαc γέμων,
οὐκ αἰcχρὸc ὡc γυναικὶ γενναίαι λακεῖν.

Χο.
615 αὕτη μὲν οὕτωc † εἶπε μανθάνοντί coι,
τοροῖcιν ἑρμηνεῦcιν εὐπρεπῶc † λόγον.
cὺ δ᾽ εἰπέ, κῆρυξ, Μενέλεων δὲ πεύθομαι,
εἰ νόcτιμόc τε καὶ cεcωμένοc πάλιν
ἥκει cὺν ὑμῖν, τῆcδε γῆc φίλον κράτοc.

Κη.
620 οὐκ ἔcθ᾽ ὅπωc λέξαιμι τὰ ψευδῆ καλά,
ἐc τὸν πολὺν φίλοιcι καρποῦcθαι χρόνον.

Χο.
πῶc δῆτ᾽ ἂν εἰπὼν κεδνὰ τἀληθῆ τύχοιc;
cχιcθέντα δ᾽ οὐκ εὔκρυπτα γίγνεται τάδε.

Κη.
ἀνὴρ ἄφαντοc ἐξ Ἀχαιικοῦ cτρατοῦ,
625 αὐτόc τε καὶ τὸ πλοῖον· οὐ ψευδῆ λέγω.

Χο.

πότερον ἀναχθεὶς †ἐμφανῶς† ἐξ Ἰλίου,
ἢ χεῖμα, κοινὸν ἄχθος, ἥρπασε στρατοῦ;

Κη.

ἔκυρσας ὥστε τοξότης ἄκρος σκοποῦ,
μακρὸν δὲ πῆμα συντόμως ἐφημίσω.

Χο.

630   πότερα γὰρ αὐτοῦ ζῶντος ἢ τεθνηκότος
φάτις πρὸς ἄλλων ναυτίλων ἐκλῄζετο;

Κη.

οὐκ οἶδεν οὐδεὶς ὥστ' ἀπαγγεῖλαι τορῶς
πλὴν τοῦ τρέφοντος Ἡλίου χθονὸς φύσιν.

Χο.

πῶς γὰρ λέγεις χειμῶνα ναυτικῶι στρατῶι
635   ἐλθεῖν τελευτῆσαί τε δαιμόνων κότωι;

Κη.

εὔφημον ἦμαρ οὐ πρέπει κακαγγέλωι
γλώσσηι μιαίνειν· χωρὶς ἡ τιμὴ θεῶν.
ὅταν δ' ἀπευκτὰ πήματ' ἄγγελος πόλει
στυγνῶι προσώπωι πτωσίμου στρατοῦ φέρηι,
640   πόλει μὲν ἕλκος ἓν τὸ δήμιον τυχεῖν,
πολλοὺς δὲ πολλῶν ἐξαγισθέντας δόμων

ΑΓΑΜΕΜΝΩΝ

ἄνδρας διπλῆι μάστιγι, τὴν Ἄρης φιλεῖ,
δίλογχον ἄτην, φοινίαν ξυνωρίδα·
τοιῶνδε μέντοι πημάτων cεcαγμένον
645 πρέπει λέγειν παιᾶνα τόνδ' Ἐρινύων·
cωτηρίων δὲ πραγμάτων εὐάγγελον
ἥκοντα πρὸς χαίρουcαν εὐεcτοῖ πόλιν,
πῶc κεδνὰ τοῖc κακοῖcι cυμμείξω, λέγων
χειμῶν' †Ἀχαιῶν οὐκ ἀμήνιτον θεοῖc† ;
650 ξυνώμοcαν γάρ, ὄντες ἔχθιcτοι τὸ πρίν,
πῦρ καὶ θάλαccα, καὶ τὰ πίcτ' ἐδειξάτην
φθείροντε τὸν δύcτηνον Ἀργείων cτρατόν.
ἐν νυκτὶ δυcκύμαντα δ' ὠρώρει κακά·
ναῦc γὰρ πρὸς ἀλλήληcι Θρήικιαι πνοαὶ
655 ἤρεικον, αἱ δὲ κεροτυπούμεναι βίαι
χειμῶνι τυφῶ cὺν ζάληι τ' ὀμβροκτύπωι
ὤιχοντ' ἄφαντοι ποιμένος κακοῦ cτρόβωι.
660 ἀνδρῶν Ἀχαιῶν ναυτικοῖc τ' ἐρειπίοιc.
ἡμᾶc γε μὲν δὴ ναῦν τ' ἀκήρατον cκάφος
ἤτοι τιc ἐξέκλεψεν ἢ 'ξῃτήcατο
θεός τιc, οὐκ ἄνθρωπος, οἴακος θιγών,
Τύχη δὲ cωτὴρ ναῦν θέλους' ἐφέζετο
665 ὡc μήτ' ἐν ὅρμωι κύματος ζάλην ἔχειν
μήτ' ἐξοκεῖλαι πρὸς κραταίλεων χθόνα.
ἔπειτα δ' Ἅιδην πόντιον πεφευγότεc
λευκὸν κατ' ἦμαρ, οὐ πεποιθότεc τύχηι,
ἐβουκολοῦμεν φροντίcιν νέον πάθος
670 cτρατοῦ καμόντοc καὶ κακῶc cποδουμένου.

καὶ νῦν ἐκείνων εἴ τις ἐςτὶν ἐμπνέων,
λέγουςιν ἡμᾶς ὡς ὀλωλότας· τί μήν;
ἡμεῖς τ᾽ ἐκείνους ταῦτ᾽ ἔχειν δοξάζομεν.
γένοιτο δ᾽ ὡς ἄριςτα. Μενέλεων γὰρ οὖν

675   πρῶτόν τε καὶ μάλιςτα προςδόκα μολεῖν·
εἰ δ᾽ οὖν τις ἀκτὶς ἡλίου νιν ἱςτορεῖ
καὶ ζῶντα καὶ βλέποντα, μηχαναῖς Διὸς
οὔπω θέλοντος ἐξαναλῶςαι γένος,
ἐλπίς τις αὐτὸν πρὸς δόμους ἥξειν πάλιν.

680   τοςαῦτ᾽ ἀκούςας ἴςθι τἀληθῆ κλύων.

Χο.

[ςτρ. α   τίς ποτ᾽ ὠνόμαζεν ὧδ᾽
ἐς τὸ πᾶν ἐτητύμως,
μή τις ὅντιν᾽ οὐχ ὁρῶμεν προνοί-
αιςι τοῦ πεπρωμένου

685   γλῶςςαν ἐν τύχαι νέμων,
τὰν δορίγαμβρον ἀμφινει-
κῆ θ᾽ Ἑλέναν; ἐπεὶ πρεπόντως
ἑλέι ς ἔλανδρος ἑλέ-

690   πτολις ἐκ τῶν ἀβροτίμων
προκαλυμμάτων ἔπλευςεν
Ζεφύρου γίγαντος αὖραι,
πολύανδροί τε φεράςπιδες κυναγοὶ

695   κατ᾽ ἴχνος πλατᾶν ἄφαντον
κέλςαν τὰς Cιμόεντος ἀ-

ΑΓΑΜΕΜΝΩΝ

κτὰς ἐπ᾽ ἀεξιφύλλους
δι᾽ Ἔριν αἱματόεσσαν.

[ἀντ. α   Ἰλίωι δὲ κῆδος ὀρ-
700   θώνυμον τελεςςίφρων
        Μῆνις ἤλασεν, τραπέζας ἀτί-
        μωςιν ὑςτέρωι χρόνωι
        καὶ ξυνεςτίου Διὸς
705   πραςςομένα τὸ νυμφότι-
        μον μέλος ἐκφάτως τίοντας,
        ὑμέναιον ὃς τότ᾽ ἐπέρ-
        ρεπε γαμβροῖσιν ἀείδειν.
        μεταμανθάνουςα δ᾽ ὕμνον
710   Πριάμου πόλις γεραιὰ
        πολύθρηνον μέγα που στένει, κικλήςκου-
        ca Πάριν τὸν αἰνόλεκτρον
        †παμπρόσθη πολύθρηνον
715   αἰῶν᾽ ἀμφὶ πολιτᾶν†
        μέλεον αἶμ᾽ ἀνατλᾶςα.

[ςτρ. β   ἔθρεψεν δὲ λέοντος ἶ-
        νιν δόμοις ἀγάλακτον οὕ-
        τως ἀνὴρ φιλόμαςτον,
720   ἐν βιότου προτελείοις
        ἅμερον, εὐφιλόπαιδα,
        καὶ γεραροῖς ἐπίχαρτον·
        πολέα δ᾽ ἔςχ᾽ ἐν ἀγκάλαις

725

νεοτρόφου τέκνου δίκαν,
φαιδρωπὸς ποτὶ χεῖρα caí-
νων τε γαστρὸς ἀνάγκαις.

[ἀντ. β

χρονιcθεὶς δ' ἀπέδειξεν ἦ-
θος τὸ πρὸς τοκέων· χάριν
γὰρ τροφεῦciν ἀμείβων

730

μηλοφόνοιcι cὺν ἄταις
δαῖτ' ἀκέλευcτος ἔτευξεν·
αἵματι δ' οἶκος ἐφύρθη,
ἄμαχον ἄλγος οἰκέταις,
μέγα cίνος πολυκτόνον·

735

ἐκ θεοῦ δ' ἱερεύc τις Ἄ-
τας δόμοις προcεθρέφθη.

[cτρ. γ

πάραυτα δ' ἐλθεῖν ἐς 'Ιλίου πόλιν
λέγοιμ' ἂν φρόνημα μὲν

740

νηνέμου γαλάνας,
ἀκαcκαῖον ⟨δ'⟩ ἄγαλμα πλούτου,
μαλθακὸν ὀμμάτων βέλος,
δηξίθυμον ἔρωτος ἄνθος.
παρακλίνας' ἐπέκρανεν

745

δὲ γάμου πικρὰς τελευτάς,
δύcεδρος καὶ δυcόμιλος
cυμένα Πριαμίδαιcιν,

ΑΓΑΜΕΜΝΩΝ

πομπᾶι Διὸς ξενίου
νυμφόκλαυτος Ἐρινύς.

[ἀντ. γ παλαίφατος δ᾽ ἐν βροτοῖς γέρων λόγος
751 τέτυκται, μέγαν τελε-
       cθέντα φωτὸς ὄλβον
       τεκνοῦcθαι μηδ᾽ ἄπαιδα θνήιcκειν,
755 ἐκ δ᾽ ἀγαθᾶc τύχαc γένει
       βλαcτάνειν ἀκόρεcτον οἰζύν.
       δίχα δ᾽ ἄλλων μονόφρων εἰ-
          μί· τὸ δυccεβὲc γὰρ ἔργον
       μετὰ μὲν πλείονα τίκτει,
760 cφετέραι δ᾽ εἰκότα γένναι·
       οἴκων γὰρ εὐθυδίκων
       καλλίπαιc πότμοc αἰεί.
[cτρ. δ φιλεῖ δὲ τίκτειν ὕβριc
          μὲν παλαιὰ νεά-
765 ζουcαν ἐν κακοῖc βροτῶν
       ὕβριν τότ᾽ ἢ τόθ᾽, ὅτε τὸ κύ-
          ριον μόληι φάοc τόκου,
       δαίμονά τε τὰν ἄμαχον ἀπόλε-
          μον, ἀνίερον θράcοc μελαί-
770 νας μελάθροιcιν ἄταc,
       εἰδομέναc τοκεῦcιν.

[ἀντ. δ Δίκα δὲ λάμπει μὲν ἐν
          δυcκάπνοιc δώμαcιν,

775

τὸν δ᾽ ἐναίсιμον τίει·
τὰ χρυсόπαсτα δ᾽ ἔδεθλα сὺν
πίνωι χερῶν παλιντρόποιс
ὄμμαсι λιποῦс᾽ ὅсια †προсέβα
τοῦ†, δύναμιν οὐ сέβουсα πλού-

780

του παράсημον αἴνωι·
πᾶν δ᾽ ἐπὶ τέρμα νωμᾶι.

ἄγε δὴ βαсιλεῦ, Τροίαс πτολίπορθ᾽,
Ἀτρέωс γένεθλον,

785

πῶс сε προсείπω; πῶс сε сεβίξω
μήθ᾽ ὑπεράραс μήθ᾽ ὑποκάμψαс
καιρὸν χάριτοс;
πολλοὶ δὲ βροτῶν τὸ δοκεῖν εἶναι
προτίουсι δίκην παραβάντεс·

790

τῶι δυсπραγοῦντι δ᾽ ἐπιсτενάχειν
πᾶс τιс ἑτοῖμοс, δῆγμα δὲ λύπηс
οὐδὲν ἐφ᾽ ἧπαρ προсικνεῖται.
καὶ ξυγχαίρουсιν ὁμοιοπρεπεῖс
ἀγέλαсτα πρόсωπα βιαζόμενοι
⟨   ⟩

795

ὅсτιс δ᾽ ἀγαθὸс προβατογνώμων,
οὐκ ἔсτι λαθεῖν ὄμματα φωτὸс
τὰ δοκοῦντ᾽ εὔφρονοс ἐκ διανοίαс
ὑδαρεῖ сαίνειν φιλότητι.
сὺ δέ μοι τότε μὲν сτέλλων сτρατιὰν

ΑΓΑΜΕΜΝΩΝ

800
'Ελένης ἕνεκ', οὐκ ἐπικεύcω,
κάρτ' ἀπομούcωc ἦcθα γεγραμμένοc
οὐδ' εὖ πραπίδων οἴακα νέμων,
θράcοc ἐκ θυcιῶν
ἀνδράcι θνήιcκουcι κομίζων·

805
νῦν δ' οὐκ ἀπ' ἄκραc φρενὸc οὐδ' ἀφίλωc
εὔφρων πόνον εὖ τελέcaciν ⟨ἐγώ·⟩
γνώcηι δὲ χρόνωι διαπευθόμενοc
τόν τε δικαίωc καὶ τὸν ἀκαίρωc
πόλιν οἰκουροῦντα πολιτῶν.

ΑΓΑΜΕΜΝΩΝ

810
πρῶτον μὲν Ἄργοc καὶ θεοὺc ἐγχωρίουc
δίκη προcειπεῖν, τοὺc ἐμοὶ μεταιτίουc
νόcτου δικαίων θ' ὧν ἐπραξάμην πόλιν
Πριάμου· δίκαc γὰρ οὐκ ἀπὸ γλώccηc θεοὶ
κλύοντεc ἀνδροθνῆταc Ἰλιοφθόρουc

815
ἐc αἱματηρὸν τεῦχοc οὐ διχορρόπωc
ψήφουc ἔθεντο, τῶι δ' ἐναντίωι κύτει
ἐλπὶc προcήιει χειρὸc οὐ πληρουμένωι.
καπνῶι δ' ἁλοῦca νῦν ἔτ' εὔcημοc πόλιc·
ἄτηc θύελλαι ζῶcι, δυcθνήιcκουca δὲ

820
cποδὸc προπέμπει πίοναc πλούτου πνοάc.
τούτων θεοῖcι χρὴ πολύμνηcτον χάριν
τίνειν, ἐπείπερ χἀρπαγὰc ὑπερκόπουc
ἐπραξάμεcθα, καὶ γυναικὸc οὕνεκα

πόλιν διημάθυνεν Ἀργεῖον δάκος,

825 ἵππου νεοσσός, ἀσπιδηφόρος λεώς,
πήδημ' ὀρούσας ἀμφὶ Πλειάδων δύσιν·
ὑπερθορὼν δὲ πύργον ὠμηστὴς λέων
ἄδην ἔλειξεν αἵματος τυραννικοῦ.

θεοῖς μὲν ἐξέτεινα φροίμιον τόδε·
830 τὰ δ' ἐς τὸ σὸν φρόνημα, μέμνημαι κλύων
καὶ φημὶ ταὐτὰ καὶ συνήγορόν μ' ἔχεις·
παύροις γὰρ ἀνδρῶν ἐστι συγγενὲς τόδε,
φίλον τὸν εὐτυχοῦντ' ἄνευ φθόνων σέβειν·
δύσφρων γὰρ ἰὸς καρδίαν προσήμενος
835 ἄχθος διπλοίζει τῶι πεπαμένωι νόσον·
τοῖς τ' αὐτὸς αὐτοῦ πήμασιν βαρύνεται
καὶ τὸν θυραῖον ὄλβον εἰσορῶν στένει.

εἰδὼς λέγοιμ' ἄν, εὖ γὰρ ἐξεπίσταμαι
ὁμιλίας κάτοπτρον, εἴδωλον σκιᾶς,
840 δοκοῦντας εἶναι κάρτα πρευμενεῖς ἐμοί·
μόνος δ' Ὀδυσσεύς, ὅσπερ οὐχ ἑκὼν ἔπλει,
ζευχθεὶς ἑτοῖμος ἦν ἐμοὶ σειραφόρος·
εἴτ' οὖν θανόντος εἴτε καὶ ζῶντος πέρι
λέγω. τὰ δ' ἄλλα πρὸς πόλιν τε καὶ θεοὺς
845 κοινοὺς ἀγῶνας θέντες ἐν πανηγύρει
βουλευσόμεσθα· καὶ τὸ μὲν καλῶς ἔχον
ὅπως χρονίζον εὖ μενεῖ βουλευτέον,
ὅτωι δὲ καὶ δεῖ φαρμάκων παιωνίων,
ἤτοι κέαντες ἢ τεμόντες εὐφρόνως
850 πειρασόμεσθα πῆμ' ἀποστρέψαι νόσου.

ΑΓΑΜΕΜΝΩΝ

νῦν δ', ἐς μέλαθρα καὶ δόμους ἐφέστιος
ἐλθὼν θεοῖσι πρῶτα δεξιώσομαι,
οἵπερ πρόσω πέμψαντες ἤγαγον πάλιν.
νίκη δ', ἐπείπερ ἕσπετ', ἐμπέδως μένοι.

Κλ.

855 ἄνδρες πολῖται, πρέσβος Ἀργείων τόδε,
οὐκ αἰσχυνοῦμαι τοὺς φιλάνορας τρόπους
λέξαι πρὸς ὑμᾶς. ἐν χρόνωι δ' ἀποφθίνει
τὸ τάρβος ἀνθρώποισιν. οὐκ ἄλλων πάρα
μαθοῦσ' ἐμαυτῆς δύσφορον λέξω βίον
860 τοσόνδ' ὅσονπερ οὗτος ἦν ὑπ' Ἰλίωι.
τὸ μὲν γυναῖκα πρῶτον ἄρσενος δίχα
ἧσθαι δόμοις ἐρῆμον ἔκπαγλον κακόν,
πολλὰς κλύουσαν κληδόνας παλιγκότους,
καὶ τὸν μὲν ἥκειν, τὸν δ' ἐπεισφέρειν κακοῦ
865 κάκιον ἄλλο πῆμα, λάσκοντας δόμοις·
καὶ τραυμάτων μὲν εἰ τόσων ἐτύγχανεν
ἀνὴρ ὅδ' ὡς πρὸς οἶκον ὠχετεύετο
φάτις, τέτρηται δικτύου πλέω λέγειν.
εἰ δ' ἦν τεθνηκὼς ὡς ἐπλήθυον λόγοι,
870 τρισώματός τᾶν Γηρυὼν ὁ δεύτερος
[πολλὴν ἄνωθεν, τὴν κάτω γὰρ οὐ λέγω,]
χθονὸς τρίμοιρον χλαῖναν ἐξηύχει λαβών,
ἅπαξ ἑκάστωι κατθανὼν μορφώματι.
τοιῶνδ' ἕκατι κληδόνων παλιγκότων
875 πολλὰς ἄνωθεν ἀρτάνας ἐμῆς δέρης

ἔλυcαν ἄλλοι πρὸc βίαν λελη''μμένηc.

ἐκ τῶνδέ τοι παῖc ἐνθάδ' οὐ παραcτατεῖ,
ἐμῶν τε καὶ cῶν κύριοc πιcτωμάτων,
ὡc χρῆν, Ὀρέcτηc· μηδὲ θαυμάcηιc τόδε·
880 τρέφει γὰρ αὐτὸν εὐμενὴc δορύξενοc
Cτροφίοc ὁ Φωκεύc, ἀμφίλεκτα πήματα
ἐμοὶ προφωνῶν, τόν θ' ὑπ' Ἰλίωι cέθεν
κίνδυνον, εἴ τε δημόθρουc ἀναρχία
βουλὴν καταρρίψειεν, ὥc τι cύγγονον
885 βροτοῖcι τὸν πεcόντα λακτίcαι πλέον.
τοιάδε μέντοι cκῆψιc οὐ δόλον φέρει.

ἔμοιγε μὲν δὴ κλαυμάτων ἐπίccυτοι
πηγαὶ κατεcβήκαcιν, οὐδ' ἔνι cταγών·
ἐν ὀψικοίτοιc δ' ὄμμαcιν βλάβαc ἔχω
890 τὰc ἀμφί cοι κλαίουcα λαμπτηρουχίαc
ἀτημελήτουc αἰέν· ἐν δ' ὀνείραcιν
λεπταῖc ὑπαὶ κώνωποc ἐξηγειρόμην
ῥιπαῖcι θωύccοντοc, ἀμφί cοι πάθη
ὁρῶcα πλείω τοῦ ξυνεύδοντοc χρόνου.

895 νῦν, ταῦτα πάντα τλᾶc', ἀπενθήτωι φρενὶ
λέγοιμ' ἂν ἄνδρα τόνδε τῶν cταθμῶν κύνα,
cωτῆρα ναὸc πρότονον, ὑψηλῆc cτέγηc
cτῦλον ποδήρη, μονογενὲc τέκνον πατρί,
[901] ὁδοιπόρωι διψῶντι πηγαῖον ῥέοc,
900 καὶ γῆν φανεῖcαν ναυτίλοιc παρ' ἐλπίδα,
κάλλιcτον ἦμαρ εἰcιδεῖν ἐκ χείματοc.
[τερπνὸν δὲ τἀναγκαῖον ἐκφυγεῖν ἅπαν].

ΑΓΑΜΕΜΝΩΝ

τοιοῖϲδέ τοί νιν ἀξιῶ προϲφθέγμαϲιν,
φθόνοϲ δ᾽ ἀπέϲτω· πολλὰ γὰρ τὰ πρὶν κακὰ
905 ἠνειχόμεϲθα. νῦν δέ μοι, φίλον κάρα,
ἔκβαιν᾽ ἀπήνηϲ τῆϲδε, μὴ χαμαὶ τιθεὶϲ
τὸν ϲὸν πόδ᾽, ὦναξ, Ἰλίου πορθήτορα.
δμωιαί, τί μέλλεθ᾽, αἷϲ ἐπέϲταλται τέλοϲ
πέδον κελεύθου ϲτορνύναι πετάϲμαϲιν;
910 εὐθὺϲ γενέϲθω πορφυρόϲτρωτοϲ πόροϲ,
ἐϲ δῶμ᾽ ἄελπτον ὡϲ ἂν ἡγῆται Δίκη·
τὰ δ᾽ ἄλλα φροντὶϲ οὐχ ὕπνωι νικωμένη
θήϲει δικαίωϲ ϲὺν θεοῖϲ εἱμαρμένα.

Αγ.
Λήδαϲ γένεθλον, δωμάτων ἐμῶν φύλαξ,
915 ἀπουϲίαι μὲν εἶπαϲ εἰκότωϲ ἐμῆι·
μακρὰν γὰρ ἐξέτεινας. ἀλλ᾽ ἐναιϲίμωϲ
αἰνεῖν, παρ᾽ ἄλλων χρὴ τόδ᾽ ἔρχεϲθαι γέραϲ.
καὶ τἄλλα μὴ γυναικὸϲ ἐν τρόποιϲ ἐμὲ
ἅβρυνε, μηδὲ βαρβάρου φωτὸϲ δίκην
920 χαμαιπετὲϲ βόαμα προϲχάνηιϲ ἐμοί,
μηδ᾽ εἵμαϲι ϲτρώϲαϲ᾽ ἐπίφθονον πόρον
τίθει· θεούϲ τοι τοῖϲδε τιμαλφεῖν χρεών,
ἐν ποικίλοιϲ δὲ θνητὸν ὄντα κάλλεϲιν
βαίνειν ἐμοὶ μὲν οὐδαμῶϲ ἄνευ φόβου.
925 λέγω κατ᾽ ἄνδρα, μὴ θεόν, ϲέβειν ἐμέ.
χωρὶϲ ποδοψήϲτρων τε καὶ τῶν ποικίλων
κληδὼν αὐτεῖ· καὶ τὸ μὴ κακῶϲ φρονεῖν

θεοῦ μέγιστον δῶρον. ὀλβίcαι δὲ χρὴ
βίον τελευτήcαντ' ἐν εὐεcτοῖ φίληι.

930 εἰ πάντα δ' ὡc πράccοιμ' ἄν, εὐθαρcὴc ἐγώ.

Κλ.

καὶ μὴν τόδ' εἰπὲ μὴ παρὰ γνώμην ἐμοί.

Αγ.

γνώμην μὲν ἴcθι μὴ διαφθεροῦντ' ἐμέ.

Κλ.

ηὔξω θεοῖc δείcαc ἂν ὧδ' ἔρδειν τάδε;

Αγ.

εἴπερ τιc εἰδώc γ' εὖ τόδ' ἐξεῖπεν τέλοc.

Κλ.

935 τί δ' ἂν δοκεῖ cοι Πρίαμοc, εἰ τάδ' ἤνυcεν;

Αγ.

ἐν ποικίλοιc ἂν κάρτα μοι βῆναι δοκεῖ.

Κλ.

μή νυν τὸν ἀνθρώπειον αἰδεcθῆιc ψόγον.

Αγ.

φήμη γε μέντοι δημόθρουc μέγα cθένει.

Κλ.

ὁ δ' ἀφθόνητός γ' οὐκ ἐπίζηλος πέλει.

Αγ.

940 οὔτοι γυναικός ἐστιν ἱμείρειν μάχης.

Κλ.

τοῖς δ' ὀλβίοις γε καὶ τὸ νικᾶσθαι πρέπει.

Αγ.

ἦ καὶ σὺ νίκην τῆσδε δήριος τίεις;

Κλ.

πιθοῦ, †κράτος μέντοι πάρες γ'† ἑκὼν ἐμοί.

Αγ.

ἀλλ' εἰ δοκεῖ σοι ταῦθ', ὑπαί τις ἀρβύλας
945 λύοι τάχος, πρόδουλον ἔμβασιν ποδός,
καὶ τοῖσδέ μ' ἐμβαίνονθ' ἀλουργέσιν θεῶν
μή τις πρόσωθεν ὄμματος βάλοι φθόνος.
πολλὴ γὰρ αἰδὼς δωματοφθορεῖν ποσὶν
φθείροντα πλοῦτον ἀργυρωνήτους θ' ὑφάς.
950 τούτων μὲν οὕτω, τὴν ξένην δὲ πρευμενῶς
τήνδ' ἐσκόμιζε· τὸν κρατοῦντα μαλθακῶς
θεὸς πρόσωθεν εὐμενῶς προσδέρκεται.
ἑκὼν γὰρ οὐδεὶς δουλίωι χρῆται ζυγῶι·
αὕτη δὲ πολλῶν χρημάτων ἐξαίρετον

955 ἄνθος, cτρατοῦ δώρημ᾽, ἐμοὶ ξυνέcπετο.
ἐπεὶ δ᾽ ἀκούειν coῦ κατέcτραμμαι τάδε,
εἶμ᾽ ἐc δόμων μέλαθρα πορφύραc πατῶν.

Κλ.

ἔcτιν θάλαccα, τίc δέ νιν καταcβέcει;
τρέφουcα πολλῆc πορφύραc ἰcάργυρον
960 κηκῖδα παγκαίνιcτον, εἱμάτων βαφάc·
οἶκοc δ᾽ ὑπάρχει τῶνδε cὺν θεοῖc, ἄναξ,
ἔχειν, πένεcθαι δ᾽ οὐκ ἐπίcταται δόμοc.
πολλῶν πατηcμὸν δ᾽ εἱμάτων ἂν ηὐξάμην,
δόμοιcι προυνεχθέντοc ἐν χρηcτηρίοιc
965 ψυχῆc κόμιcτρα τῆcδε μηχανωμένηι·
ῥίζηc γὰρ οὔcηc φυλλὰc ἵκετ᾽ ἐc δόμουc
cκιὰν ὑπερτείναcα cειρίου κυνόc·
καὶ coῦ μολόντοc δωματῖτιν ἑcτίαν,
θάλποc μὲν ἐν χειμῶνι cημαίνει μολόν·
970 ὅταν δὲ τεύχηι Ζεὺc ἀπ᾽ ὄμφακοc πικρᾶc
οἶνον, τότ᾽ ἤδη ψῦχοc ἐν δόμοιc πέλει,
ἀνδρὸc τελείου δῶμ᾽ ἐπιcτρωφωμένου.
Ζεῦ Ζεῦ τέλειε, τὰc ἐμὰc εὐχὰc τέλει·
μέλοι δέ τοί cοι τῶνπερ ἂν μέλληιc τελεῖν.

ΑΓΑΜΕΜΝΩΝ

Χο.

[στρ. α
τίπτε μοι τόδ' ἐμπέδως
976
δεῖμα προστατήριον
καρδίας τερασκόπου ποτᾶται;
μαντιπολεῖ δ' ἀκέλευστος ἄμισθος ἀοιδά,
980
οὐδ' ἀποπτύσαι δίκαν
δυσκρίτων ὀνειράτων
θάρσος εὐπειθὲς ἵ-
ζει φρενὸς φίλον θρόνον.
†χρόνος δ' ἐπεὶ πρυμνησίων ξυνεμβόλοις
985
ψαμμίας ἀκάτα† παρή-
βησεν εὖθ' ὑπ' Ἴλιον
ὦρτο ναυβάτας στρατός.

[ἀντ. α
πεύθομαι δ' ἀπ' ὀμμάτων
νόστον αὐτόμαρτυς ὤν·
990
τὸν δ' ἄνευ λύρας ὅμως ὑμνῳδεῖ
θρῆνον Ἐρινύος αὐτοδίδακτος ἔσωθεν
θυμός, οὐ τὸ πᾶν ἔχων
ἐλπίδος φίλον θράσος.
995
σπλάγχνα δ' οὔτοι ματάι-
ζει πρὸς ἐνδίκοις φρεσίν,
τελεσφόροις δίναις κυκλούμενον κέαρ·
εὔχομαι δ' ἐξ ἐμᾶς
ἐλπίδος ψύθη πεσεῖν
1000
ἐς τὸ μὴ τελεσφόρον.

[στρ. β μάλα †γάρ τοι τᾶς πολλᾶς ὑγιείας†
ἀκόρεστον τέρμα· νόσος γὰρ
  γείτων ὁμότοιχος ἐρείδει.
1005 καὶ πότμος εὐθυπορῶν
  ⟨   ⟩
ἀνδρὸς ἔπαισεν ἄφαντον ἕρμα.
καὶ τὸ μὲν πρὸ χρημάτων
κτησίων ὄκνος βαλὼν
1010 σφενδόνας ἀπ᾽ εὐμέτρου,
οὐκ ἔδυ πρόπας δόμος
πλησμονᾶς γέμων ἄγαν,
οὐδ᾽ ἐπόντισε σκάφος.
1015 πολλά τοι δόσις ἐκ Διὸς ἀμφιλα-
  φής τε καὶ ἐξ ἀλόκων ἐπετειᾶν
νῆστιν ὤλεσεν νόσον.

[ἀντ. β τὸ δ᾽ ἐπὶ γᾶν πεσὸν ἅπαξ θανάσιμον
1020 πρόπαρ ἀνδρὸς μέλαν αἷμα τίς ἂν
  πάλιν ἀγκαλέσαιτ᾽ ἐπαείδων;
οὐδὲ τὸν ὀρθοδαῆ
τῶν φθιμένων ἀνάγειν
Ζεὺς ἀπέπαυσεν ἐπ᾽ ἀβλαβείαι.
1025 εἰ δὲ μὴ τεταγμένα
μοῖρα μοῖραν ἐκ θεῶν
εἶργε μὴ πλέον φέρειν,
προφθάσασα καρδία
γλῶσσαν ἂν τάδ᾽ ἐξέχει·

ΑΓΑΜΕΜΝΩΝ

νῦν δ' ὑπὸ σκότωι βρέμει
θυμαλγής τε καὶ οὐδὲν ἐπελπομέ-
να ποτὲ καίριον ἐκτολυπεύσειν
ζωπυρουμένας φρενός.

Κλ.

εἴσω κομίζου καὶ σύ, Κασσάνδραν λέγω·
ἐπεί σ' ἔθηκε Ζεὺς ἀμηνίτως δόμοις
κοινωνὸν εἶναι χερνίβων, πολλῶν μετὰ
δούλων σταθεῖσαν κτησίου βωμοῦ πέλας,
ἔκβαιν' ἀπήνης τῆσδε, μηδ' ὑπερφρόνει·
καὶ παῖδα γάρ τοί φασιν Ἀλκμήνης ποτὲ
πραθέντα τλῆναι †δουλίας μάζης βία†.
εἰ δ' οὖν ἀνάγκη τῆσδ' ἐπιρρέποι τύχης,
ἀρχαιοπλούτων δεσποτῶν πολλὴ χάρις.
οἳ δ' οὔποτ' ἐλπίσαντες ἤμησαν καλῶς,
ὠμοί τε δούλοις πάντα καὶ παρὰ στάθμην
⟨   ⟩
ἔχεις παρ' ἡμῶν οἷάπερ νομίζεται.

Χο.

σοί τοι λέγουσα παύεται σαφῆ λόγον·
ἐντὸς δ' ἁλοῦσα μορσίμων ἀγρευμάτων
πείθοι' ἄν, εἰ πείθοι'· ἀπειθοίης δ' ἴσως.

Κλ.

ἀλλ' εἴπερ ἐστὶ μὴ χελιδόνος δίκην

ἀγνῶτα φωνὴν βάρβαρον κεκτημένη,
ἔcω φρενῶν λέγουcα πείθω νιν λόγωι.

Χο.

ἕπου. τὰ λῶιcτα τῶν παρεcτώτων λέγει.

Κλ.

πείθου λιποῦcα τόνδ᾽ ἁμαξήρη θρόνον.

1055 οὔτοι θυραίαι τῆιδ᾽ ἐμοὶ cχολὴ πάρα
τρίβειν. τὰ μὲν γὰρ ἑcτίαc μεcομφάλου
ἕcτηκεν ἤδη μῆλα †πρὸc cφαγὰc† πυρόc,
ὡc οὔποτ᾽ ἐλπίcαcι τήνδ᾽ ἕξειν χάριν.
cὺ δ᾽ εἴ τι δράcειc τῶνδε, μὴ cχολὴν τίθει,
1060 εἰ δ᾽ ἀξυνήμων οὖcα μὴ δέχηι λόγον,
cὺ δ᾽ ἀντὶ φωνῆc φράζε καρβάνωι χερί.

Χο.

ἑρμηνέωc ἔοικεν ἡ ξένη τοροῦ
δεῖcθαι· τρόποc δὲ θηρὸc ὡc νεαιρέτου.

Κλ.

ἦ μαίνεταί γε καὶ κακῶν κλύει φρενῶν,
1065 ἥτιc λιποῦcα μὲν πόλιν νεαίρετον
ἥκει, χαλινὸν δ᾽ οὐκ ἐπίcταται φέρειν
πρὶν αἱματηρὸν ἐξαφρίζεcθαι μένοc.
οὐ μὴν πλέω ῥίψαc᾽ ἀτιμαcθήcομαι.

Χο.

ἐγὼ δ', ἐποικτίρω γάρ, οὐ θυμώσομαι·

1070 ἴθ', ὦ τάλαινα, τόνδ' ἐρημώσασ' ὄχον·

εἴκουσ' ἀνάγκηι τῆιδε καίνισον ζυγόν.

ΚΑССΑΝΔΡΑ

[στρ. α   ὀτοτοτοτοῖ πόποι δᾶ·

ὤπολλον ὤπολλον.

Χο.

τί ταῦτ' ἀνωτότυξας ἀμφὶ Λοξίου;

1075 οὐ γὰρ τοιοῦτος ὤστε θρηνητοῦ τυχεῖν.

Κα.

[ἀντ. α   ὀτοτοτοτοῖ πόποι δᾶ·

ὤπολλον ὤπολλον.

Χο.

ἥδ' αὖτε δυσφημοῦσα τὸν θεὸν καλεῖ

οὐδὲν προσήκοντ' ἐν γόοις παραστατεῖν.

Κα.

[στρ. β   ὤπολλον ὤπολλον,

1081 ἀγυιᾶτ', ἀπόλλων ἐμός·

ἀπώλεσας γὰρ οὐ μόλις τὸ δεύτερον.

160

Xo.

χρήϲειν ἔοικεν ἀμφὶ τῶν αὑτῆϲ κακῶν·
μένει τὸ θεῖον δουλίαι περ ἐν φρενί.

Ka.

[ἀντ. β   ὤπολλον ὤπολλον,

1086   ἀγυιᾶτ᾽, ἀπόλλων ἐμόϲ·
ἆ, ποῖ ποτ᾽ ἤγαγέϲ με; πρὸϲ ποίαν ϲτέγην;

Xo.

πρὸϲ τὴν Ἀτρειδῶν· εἰ ϲὺ μὴ τόδ᾽ ἐννοεῖϲ,
ἐγὼ λέγω coι· καὶ τάδ᾽ οὐκ ἐρεῖϲ ψύθη.

Ka.

ἆ ἆ

[ϲτρ. γ   μιϲόθεον μὲν οὖν, πολλὰ ϲυνίϲτορα

1091   αὐτοφόνα κακὰ †καρτάναι†
ἀνδροϲφαγεῖον καὶ πέδον ῥαντήριον.

Xo.

ἔοικεν εὔριϲ ἡ ξένη κυνὸϲ δίκην
εἶναι, ματεύει δ᾽ ὧν ἀνευρήϲει φόνον.

Ka.

[ἀντ. γ   μαρτυρίοιϲι γὰρ τοῖϲδ᾽ ἐπιπείθομαι

1096   κλαιόμενα τάδε βρέφη ϲφαγὰϲ
ὀπτάϲ τε ϲάρκαϲ πρὸϲ πατρὸϲ βεβρωμέναϲ.

Χο.

ἦ μὴν κλέος σου μαντικὸν πεπυσμένοι
ἦμεν, προφήτας δ᾿ οὔτινας ματεύομεν.

Κα.

[στρ. δ   ἰὼ πόποι, τί ποτε μήδεται;
1101   τί τόδε νέον ἄχος; μέγα,
μέγ᾿ ἐν δόμοισι τοῖσδε μήδεται κακόν,
ἄφερτον φίλοισιν, δυσίατον· ἀλκὰ δ᾿
ἑκὰς ἀποστατεῖ.

Χο.

1105   τούτων ἄιδρίς εἰμι τῶν μαντευμάτων,
ἐκεῖνα δ᾿ ἔγνων· πᾶσα γὰρ πόλις βοᾷ.

Κα.

[ἀντ. δ   ἰὼ τάλαινα, τόδε γὰρ τελεῖς;
τὸν ὁμοδέμνιον πόσιν
λουτροῖσι φαιδρύνασα, πῶς φράσω τέλος;
1110   τάχος γὰρ τόδ᾿ ἔσται· προτείνει δὲ χεῖρ᾿ ἐκ
χερὸς ὀρεγομένα.

Χο.

οὔπω ξυνῆκα· νῦν γὰρ ἐξ αἰνιγμάτων
ἐπαργέμοισι θεσφάτοις ἀμηχανῶ.

Κα.

[cτρ. ε ἒ ἒ παπαῖ παπαῖ, τί τόδε φαίνεται;
1115 ἦ δίκτυόν τί γ᾽ Ἅιδου·
ἀλλ᾽ ἄρκυς ἡ ξύνευνος, ἡ ξυναιτία
φόνου· cτάcιc δ᾽ ἀκόρετοc γένει
κατολολυξάτω θύματοc λευcίμου.

Χο.

ποίαν Ἐρινὺν τήνδε δώμαcιν κέληι
1120 ἐπορθιάζειν; οὔ με φαιδρύνει λόγοc.
ἐπὶ δὲ καρδίαν ἔδραμε κροκοβαφὴc
cταγών, ἅτε καὶ δορὶ πτωcίμοιc
ξυνανύτει βίου δύντοc αὐγαῖc.
ταχεῖα δ᾽ ἄτα πέλει.

Κα.

[ἀντ. ε ἆ ἆ ἰδοὺ ἰδού, ἄπεχε τῆc βοὸc
1125 τὸν ταῦρον· ἐν πέπλοιcιν
μελαγκέρωι λαβοῦcα μηχανήματι
τύπτει· πίτνει δ᾽ ⟨ἐν⟩ ἐνύδρωι τεύχει.
δολοφόνου λέβητοc τύχαν coι λέγω.

Χο.

1130 οὐ κομπάcαιμ᾽ ἂν θεcφάτων γνώμων ἄκροc
εἶναι, κακῶι δέ τωι προcεικάζω τάδε.
ἀπὸ δὲ θεcφάτων τίc ἀγαθὰ φάτιc
βροτοῖc cτέλλεται; κακῶν γὰρ διαὶ

ΑΓΑΜΕΜΝΩΝ

πολυεπεῖς τέχναι θεσπιωιδῶν
1135　　φόβον φέρουσιν μαθεῖν.

Κα.

[στρ. ζ　ἰὼ ἰὼ ταλαίνας κακόποτμοι τύχαι·
τὸ γὰρ ἐμὸν θροῶ πάθος ἐπεγχέαι.
ποῖ δή με δεῦρο τὴν τάλαιναν ἤγαγες
οὐδέν ποτ᾽ εἰ μὴ ξυνθανουμένην; τί γάρ;

Χο.

1140　φρενομανής τις εἶ θεοφόρητος, ἀμφὶ δ᾽ αὐτᾶς θροεῖς
νόμον ἄνομον οἷά τις ξουθὰ
ἀκόρετος βοᾶς, φεῦ, ταλαίναις φρεσὶν
Ἴτυν Ἴτυν στένους᾽ ἀμφιθαλῆ κακοῖς
1145　ἀηδὼν μόρον.

Κα.

[ἀντ. ζ　ἰὼ ἰὼ λιγείας βίος ἀηδόνος·
περέβαλον γάρ οἱ πτεροφόρον δέμας
θεοὶ γλυκύν τ᾽ αἰῶνα κλαυμάτων ἄτερ·
ἐμοὶ δὲ μίμνει σχισμὸς ἀμφήκει δορί.

Χο.

1150　πόθεν ἐπισσύτους θεοφόρους τ᾽ ἔχεις
ματαίους δύας,
τὰ δ᾽ ἐπίφοβα δυσφάτωι κλαγγᾶι

μελοτυπεῖς ὁμοῦ τ' ὀρθίοις ἐν νόμοις;
πόθεν ὅρους ἔχεις θεσπεσίας ὁδοῦ
1155   κακορρήμονας;

Κα.

[cτρ. η   ἰὼ γάμοι γάμοι Πάριδος ὀλέθριοι φίλων·
ἰὼ Σκαμάνδρου πάτριον ποτόν·
τότε μὲν ἀμφὶ càς ἀιόνας τάλαιν'
        ἠνυτόμαν τροφαῖς·
1160   νῦν δ' ἀμφὶ Κωκυτόν τε κἈχερουσίους
ὄχθους ἔοικα θεσπιωιδήσειν τάχα.

Χο.

τί τόδε τορὸν ἄγαν ἔπος ἐφημίσω;
νεογνὸς ἂν ἀίων μάθοι·
        πέπληγμαι δ' ὑπαὶ δήγματι φοινίωι
1165   δυσαλγεῖ τύχαι μινυρὰ θρεομένας,
θραύματ' ἐμοὶ κλύειν.

Κα.

[ἀντ. η   ἰὼ πόνοι πόνοι πόλεος ὀλομένας τὸ πᾶν,
ἰὼ πρόπυργοι θυσίαι πατρὸς
πολυκανεῖς βοτῶν ποιονόμων· ἄκος δ'
1170   οὐδὲν ἐπήρκεσαν
τὸ μὴ πόλιν μὲν ὥσπερ οὖν ἐχρῆν παθεῖν,
ἐγὼ δὲ †θερμόνους τάχ' ἐμπέδωι βαλῶ†.

Χο.
ἑπόμενα προτέροισι τάδ’ ἐφημίσω,
καί τίς σε κακοφρονῶν τίθη-
ci δαίμων ὑπερβαρὴς ἐμπίτνων
μελίζειν πάθη γοερὰ θανατοφόρα·
τέρμα δ’ ἀμηχανῶ.

1175

Κα.
καὶ μὴν ὁ χρηςμὸς οὐκέτ’ ἐκ καλυμμάτων
ἔςται δεδορκὼς νεογάμου νύμφης δίκην,
λαμπρὸς δ’ ἔοικεν ἡλίου πρὸς ἀντολὰς
πνέων ἐφήξειν, ὥςτε κύματος δίκην
κλύζειν πρὸς αὐγὰς τοῦδε πήματος πολὺ
μεῖζον. φρενώςω δ’ οὐκέτ’ ἐξ αἰνιγμάτων·
καὶ μαρτυρεῖτε ςυνδρόμως ἴχνος κακῶν
ῥινηλατούςηι τῶν πάλαι πεπραγμένων.
τὴν γὰρ ςτέγην τήνδ’ οὔποτ’ ἐκλείπει χορὸς
ξύμφθογγος οὐκ εὔφωνος· οὐ γὰρ εὖ λέγει.
καὶ μὴν πεπωκώς γ’, ὡς θραςύνεςθαι πλέον,
βρότειον αἷμα κῶμος ἐν δόμοις μένει,
δύςπεμπτος ἔξω, ςυγγόνων Ἐρινύων·
ὑμνοῦςι δ’ ὕμνον δώμαςιν προςήμεναι
πρώταρχον ἄτην, ἐν μέρει δ’ ἀπέπτυςαν
εὐνὰς ἀδελφοῦ τῶι πατοῦντι δυςμενεῖς.
ἥμαρτον, ἢ θηρῶ τι τοξότης τις ὥς;
ἢ ψευδόμαντίς εἰμι θυροκόπος φλέδων;

1180

1185

1190

1195

166

ἐκμαρτύρησον προυμόσας τό μ᾽ εἰδέναι
λόγωι παλαιὰς τῶνδ᾽ ἁμαρτίας δόμων.

Χο.

καὶ πῶς ἂν ὅρκου πῆγμα γενναίως παγὲν
παιώνιον γένοιτο; θαυμάζω δέ σου,
πόντου πέραν τραφεῖσαν ἀλλόθρουν πόλιν
κυρεῖν λέγουσαν ὥσπερ εἰ παρεστάτεις.

Κα.

μάντις μ᾽ Ἀπόλλων τῶιδ᾽ ἐπέστησεν τέλει.

Χο.

[1204] μῶν καὶ θεός περ ἱμέρωι πεπληγμένος;

Κα.

[1203] πρὸ τοῦ μὲν αἰδὼς ἦν ἐμοὶ λέγειν τάδε.

Χο.

1205 ἁβρύνεται γὰρ πᾶς τις εὖ πράσσων πλέον.

Κα.

ἀλλ᾽ ἦν παλαιστὴς κάρτ᾽ ἐμοὶ πνέων χάριν.

Χο.

ἦ καὶ τέκνων εἰς ἔργον ἠλθέτην ὁμοῦ;

Κα.

ξυναινέσασα Λοξίαν ἐψευσάμην.

Χο.

ἤδη τέχναισιν ἐνθέοις ἡιρημένη;

Κα.

ἤδη πολίταις πάντ᾽ ἐθέσπιζον πάθη.

Χο.

πῶς δῆτ᾽ ἄνατος ἦσθα Λοξίου κότωι;

Κα.

ἔπειθον οὐδέν᾽ οὐδέν, ὡς τάδ᾽ ἤμπλακον.

Χο.

ἡμῖν γε μὲν δὴ πιστὰ θεσπίζειν δοκεῖς.

Κα.

ἰοὺ ἰού, ὦ ὦ κακά·

ὑπ᾽ αὖ με δεινὸς ὀρθομαντείας πόνος

στροβεῖ ταράσσων φροιμίοις ⟨δυσφροιμίοις⟩.

ὁρᾶτε τούσδε τοὺς δόμοις ἐφημένους

νέους ὀνείρων προσφερεῖς μορφώμασιν·

παῖδες θανόντες ὡσπερεὶ πρὸς τῶν φίλων,

χεῖρας κρεῶν πλήθοντες, οἰκείας βορᾶς,

σὺν ἐντέροις τε σπλάγχν᾽, ἐποίκτιστον γέμος,

πρέπουϲ᾽ ἔχοντεϲ, ὧν πατὴρ ἐγεύϲατο.
ἐκ τῶνδε ποινάϲ φημι βουλεύειν τινὰ
λέοντ᾽ ἄναλκιν ἐν λέχει ϲτρωφώμενον
οἰκουρόν, οἴμοι, τῶι μολόντι δεϲπότηι
ἐμῶι· φέρειν γὰρ χρὴ τὸ δούλιον ζυγόν.
νεῶν δ᾽ ἄπαρχοϲ Ἰλίου τ᾽ ἀναϲτάτηϲ
οὐκ οἶδεν οἷα γλῶϲϲα μιϲητῆϲ κυνόϲ,
λέξαϲα κἀκτείναϲα φαιδρόνουϲ δίκην,
ἄτηϲ λαθραίου τεύξεται κακῆι τύχηι.
τοιαῦτα τολμᾶι· θῆλυϲ ἄρϲενοϲ φονεὺϲ
ἔϲτιν· τί νιν καλοῦϲα δυϲφιλὲϲ δάκοϲ
τύχοιμ᾽ ἄν; ἀμφίϲβαιναν ἢ Ϲκύλλαν τινὰ
οἰκοῦϲαν ἐν πέτραιϲι, ναυτίλων βλάβην,
θύουϲαν Ἅιδου μητέρ᾽ ἄϲπονδόν τ᾽ Ἄρη
φίλοιϲ πνέουϲαν; ὡϲ δ᾽ ἐπωλολύξατο
ἡ παντότολμοϲ, ὥϲπερ ἐν μάχηϲ τροπῆι·
δοκεῖ δὲ χαίρειν νοϲτίμωι ϲωτηρίαι.
καὶ τῶνδ᾽ ὅμοιον εἴ τι μὴ πείθω· τί γάρ;
τὸ μέλλον ἥξει, καὶ ϲύ μ᾽ ἐν τάχει παρὼν
ἄγαν γ᾽ ἀληθόμαντιν οἰκτίραϲ ἐρεῖϲ.

Χο.
τὴν μὲν Θυέϲτου δαῖτα παιδείων κρεῶν
ξυνῆκα καὶ πέφρικα, καὶ φόβοϲ μ᾽ ἔχει
κλύοντ᾽ ἀληθῶϲ οὐδὲν ἐξηικαϲμένα·
τὰ δ᾽ ἄλλ᾽ ἀκούϲαϲ ἐκ δρόμου πεϲὼν τρέχω.

ΑΓΑΜΕΜΝΩΝ

Κα.
Ἀγαμέμνονός cέ φημ᾽ ἐπόψεcθαι μόρον.

Χο.
εὔφημον, ὦ τάλαινα, κοίμηcον cτόμα.

Κα.
ἀλλ᾽ οὔτι παιὼν τῶιδ᾽ ἐπιcτατεῖ λόγωι.

Χο.
οὔκ, εἴπερ ἔcται γ᾽· ἀλλὰ μὴ γένοιτό πωc.

Κα.
cὺ μὲν κατεύχηι, τοῖc δ᾽ ἀποκτείνειν μέλει.

Χο.
τίνοc πρὸc ἀνδρὸc τοῦτ᾽ ἄχοc πορcύνεται;

Κα.
ἦ κάρτα ⟨μακ⟩ρὰν παρεκόπηc χρηcμῶν ἐμῶν.

Χο.
τοῦ γὰρ τελοῦντοc οὐ ξυνῆκα μηχανήν.

Κα.
καὶ μὴν ἄγαν γ᾽ Ἕλλην᾽ ἐπίcταμαι φάτιν.

Xo.

1255 καὶ γὰρ τὰ πυθόκραντα, δυςμαθῆ δ᾽ ὅμωc.

Κα.

παπαῖ· οἶον τὸ πῦρ· ἐπέρχεται δέ μοι.

ὀτοτοῖ Λύκει᾽ Ἄπολλον, οἶ ἐγὼ ἐγώ.

αὕτη δίπους λέαινα ςυγκοιμωμένη

λύκωι, λέοντος εὐγενοῦς ἀπουςίαι,

1260 κτενεῖ με τὴν τάλαιναν· ὡς δὲ φάρμακον

τεύχουςα κἀμοῦ μιςθὸν ἐνθήςει κότωι·

ἐπεύχεται, θήγουςα φωτὶ φάςγανον,

ἐμῆς ἀγωγῆς ἀντιτείςεςθαι φόνον.

τί δῆτ᾽ ἐμαυτῆς καταγέλωτ᾽ ἔχω τάδε

1265 καὶ ςκῆπτρα καὶ μαντεῖα περὶ δέρηι ςτέφη;

ςὲ μὲν πρὸ μοίρας τῆς ἐμῆς διαφθερῶ·

ἴτ᾽ ἐς φθόρον· πεςόντα γ᾽ ὧδ᾽ ἀμείψομαι·

ἄλλην τιν᾽ ἄτης ἀντ᾽ ἐμοῦ πλουτίζετε.

ἰδοὺ δ᾽, Ἀπόλλων αὐτὸς ἐκδύων ἐμὲ

1270 χρηςτηρίαν ἐςθῆτ᾽, ἐποπτεύςας δέ με

κἀν τοῖςδε κόςμοις καταγελωμένην †μέτα†

φίλων ὑπ᾽ ἐχθρῶν οὐ διχορρόπως †μάτην†·

καλουμένη δὲ φοιτὰς ὡς ἀγύρτρια

πτωχὸς τάλαινα λιμοθνὴς ἠνεςχόμην·

1275 καὶ νῦν ὁ μάντις μάντιν ἐκπράξας ἐμὲ

ἀπήγαγ᾽ ἐς τοιάςδε θαναςίμους τύχας.

βωμοῦ πατρώιου δ᾽ ἀντ᾽ ἐπίξηνον μένει,

θερμῶι κοπείςης φοίνιον προςφάγματι.

ΑΓΑΜΕΜΝΩΝ

οὐ μὴν ἄτιμοί γ' ἐκ θεῶν τεθνήξομεν·
1280 ἥξει γὰρ ἡμῶν ἄλλος αὖ τιμάορος,
μητροκτόνον φίτυμα, ποινάτωρ πατρός·
φυγὰς δ' ἀλήτης τῆςδε γῆς ἀπόξενος
κάτεισιν ἄτας τάςδε θριγκώςων φίλοις.
[1291] ὀμώμοται γὰρ ὅρκος ἐκ θεῶν μέγας,
1285 ἄξειν νιν ὑπτίαςμα κειμένου πατρός.
τί δῆτ' ἐγὼ κάτοικτος ὧδ' ἀναστένω;
ἐπεὶ τὸ πρῶτον εἶδον Ἰλίου πόλιν
πράξαςαν ὡς ἔπραξεν, οἳ δ' εἷλον πόλιν
οὕτως ἀπαλλάςςουςιν ἐν θεῶν κρίςει,
1290 [1289] ἰοῦς' ἀπάρξω, τλήςομαι **τὸ κατθανεῖν.**
[1291] Ἅιδου πύλας δὲ τάςδ' ἐγὼ προςεννέπω·
ἐπεύχομαι δὲ καιρίας πληγῆς τυχεῖν,
ὡς ἀςφάδαιςτος αἱμάτων εὐθνηςίμων
ἀπορρυέντων ὄμμα ςυμβάλω τόδε.

Χο.

1295 ὦ πολλὰ μὲν τάλαινα, πολλὰ δ' αὖ ςοφὴ
γύναι, μακρὰν ἔτεινας. εἰ δ' ἐτητύμως
μόρον τὸν αὑτῆς οἶςθα, πῶς θεηλάτου
βοὸς δίκην πρὸς βωμὸν εὐτόλμως πατεῖς;

Κα.

οὐκ ἔςτ' ἄλυξις, οὔ, ξένοι, χρόνον πλέω.

Xo.

1300 ὁ δ' ὕcτατόc γε τοῦ χρόνου πρεcβεύεται.

Ka.

ἥκει τόδ' ἦμαρ. cμικρὰ κερδανῶ φυγῆι.

Xo.

ἀλλ' ἴcθι τλήμων οὖc' ἀπ' εὐτόλμου φρενόc.

Ka.

οὐδεὶc ἀκούει ταῦτα τῶν εὐδαιμόνων.

Xo.

ἀλλ' εὐκλεῶc τοι κατθανεῖν χάρις βροτῶι.

Ka.

1305 ἰὼ πάτερ cοῦ cῶν τε γενναίων τέκνων.

Xo.

τί δ' ἐcτὶ χρῆμα; τίc c' ἀποcτρέφει φόβοc;

Ka.

φεῦ φεῦ.

Xo.

τί τοῦτ' ἔφευξαc, εἴ τι μὴ φρενῶν cτύγοc;

Κα.

φόνον δόμοι πνέουϲιν αἱματοϲταγῆ.

Χο.

καὶ πῶϲ; τόδ' ὄζει θυμάτων ἐφεϲτίων.

Κα.

ὅμοιοϲ ἀτμὸϲ ὥϲπερ ἐκ τάφου πρέπει.

Χο.

οὐ Ϲύριον ἀγλάιϲμα δώμαϲιν λέγειϲ.

Κα.

ἀλλ' εἶμι κἀν δόμοιϲι κωκύϲουϲ' ἐμὴν
Ἀγαμέμνονόϲ τε μοῖραν· ἀρκείτω βίοϲ.
ἰὼ ξένοι·
οὔτοι δυϲοίζω θάμνον ὡϲ ὄρνιϲ φόβωι,
ἀλλ' ὡϲ θανούϲηι μαρτυρῆτέ μοι τόδε,
ὅταν γυνὴ γυναικὸϲ ἀντ' ἐμοῦ θάνηι
ἀνήρ τε δυϲδάμαρτοϲ ἀντ' ἀνδρὸϲ πέϲηι·
ἐπιξενοῦμαι ταῦτα δ' ὡϲ θανουμένη.

Χο.

ὦ τλῆμον, οἰκτίρω ϲε θεϲφάτου μόρου.

Κα.

ἅπαξ ἔτ' εἰπεῖν ῥῆϲιν ἢ θρῆνον θέλω

ἐμὸν τὸν αὐτῆς, ἡλίου δ᾽ ἐπεύχομαι
πρὸς ὕςτατον φῶς †τοῖς ἐμοῖς τιμαόροις
ἐχθροῖς φονεῦσι τοῖς ἐμοῖς τίνειν ὁμοῦ†
δούλης θανούςης, εὐμαροῦς χειρώματος.
ἰὼ βρότεια πράγματ᾽· εὐτυχοῦντα μὲν
ςκιᾶι τις ἂν πρέψειεν, εἰ δὲ δυςτυχῆι,
βολαῖς ὑγρώςςων ςπόγγος ὤλεςεν γραφήν.
καὶ ταῦτ᾽ ἐκείνων μᾶλλον οἰκτίρω πολύ.

1325
1330

Χο.

τὸ μὲν εὖ πράςςειν ἀκόρεστον ἔφυ
πᾶςι βροτοῖςιν· δακτυλοδείκτων δ᾽
οὔτις ἀπειπὼν εἴργει μελάθρων,
"μηκέτ᾽ ἐςέλθηις τάδε" φωνῶν.
καὶ τῶιδε πόλιν μὲν ἑλεῖν ἔδοςαν
μάκαρες Πριάμου,
θεοτίμητος δ᾽ οἴκαδ᾽ ἱκάνει·
νῦν δ᾽ εἰ προτέρων αἷμ᾽ ἀποτείςηι
καὶ τοῖςι θανοῦςι θανὼν ἄλλων
ποινὰς θανάτων ἐπικράνηι,
τίς ἂν ἐξεύξαιτο βροτῶν ἀςινεῖ
δαίμονι φῦναι τάδ᾽ ἀκούων;

1335
1340

Αγ.

ὤμοι πέπληγμαι καιρίαν πληγὴν ἔςω.

Χο.
cîγα· τίc πληγὴν αὐτεῖ καιρίωc οὐταcμένοc;

Αγ.
1345 ὤμοι μάλ' αὖθιc δευτέραν πεπληγμένοc.

Χο.
τοὖργον εἰργάcθαι δοκεῖ μοι βαcιλέωc οἰμώγμαcιν·
ἀλλὰ κοινωcώμεθ' ἤν πωc ἀcφαλῆ βουλεύματ' ἦι.
— ἐγὼ μὲν ὑμῖν τὴν ἐμὴν γνώμην λέγω,
πρὸc δῶμα δεῦρ' ἀcτοῖcι κηρύccειν βοήν.
1350 — ἐμοὶ δ' ὅπωc τάχιcτά γ' ἐμπεcεῖν δοκεῖ
καὶ πρᾶγμ' ἐλέγχειν cὺν νεορρύτωι ξίφει.
— κἀγὼ τοιούτου γνώματοc κοινωνὸc ὢν
ψηφίζομαι τὸ δρᾶν τι· μὴ μέλλειν δ' ἀκμή.
— ὁρᾶν πάρεcτι· φροιμιάζονται γὰρ ὡc
1355 τυραννίδοc cημεῖα πράccοντεc πόλει.
— χρονίζομεν γάρ, οἱ δὲ τῆc μελλοῦc κλέοc
πέδοι πατοῦντεc οὐ καθεύδουcιν χερί.
— οὐκ οἶδα βουλῆc ἧcτινοc τυχὼν λέγω·
τοῦ δρῶντόc ἐcτι καὶ τὸ βουλεῦcαι †πέρι†.
1360 — κἀγὼ τοιοῦτόc εἰμ', ἐπεὶ δυcμηχανῶ
λόγοιcι τὸν θανόντ' ἀνιcτάναι πάλιν.
— ἦ καὶ βίον τείνοντεc ὧδ' ὑπείξομεν
δόμων καταιcχυντῆρcι τοῖcδ' ἡγουμένοιc;
— ἀλλ' οὐκ ἀνεκτόν, ἀλλὰ κατθανεῖν κρατεῖ·
1365 πεπαιτέρα γὰρ μοῖρα τῆc τυραννίδοc.

— ἦ γὰρ τεκμηρίοιςιν ἐξ οἰμωγμάτων
μαντευςόμεςθα τἀνδρὸς ὡς ὀλωλότος;
— ςάφ' εἰδότας χρὴ τῶνδε μυθεῖςθαι πέρι,
τὸ γὰρ τοπάζειν τοῦ ςάφ' εἰδέναι δίχα.
— ταύτην ἐπαινεῖν πάντοθεν πληθύνομαι,
τρανῶς Ἀτρείδην εἰδέναι κυροῦνθ' ὅπως.

Κλ.
πολλῶν πάροιθεν καιρίως εἰρημένων
τἀναντί' εἰπεῖν οὐκ ἐπαιςχυνθήςομαι·
πῶς γάρ τις ἐχθροῖς ἐχθρὰ πορςύνων, φίλοις
δοκοῦςιν εἶναι, πημονῆς ἀρκύςτατ' ἂν
φάρξειεν ὕψος κρεῖςςον ἐκπηδήματος;
ἐμοὶ δ' ἀγὼν ὅδ' οὐκ ἀφρόντιςτος πάλαι
νείκης παλαιᾶς ἦλθε, ςὺν χρόνωι γε μήν·
ἔςτηκα δ' ἔνθ' ἔπαις' ἐπ' ἐξειργαςμένοις.
οὕτω δ' ἔπραξα, καὶ τάδ' οὐκ ἀρνήςομαι,
ὡς μήτε φεύγειν μήτ' ἀμύνεςθαι μόρον·
ἄπειρον ἀμφίβληςτρον, ὥςπερ ἰχθύων,
περιςτιχίζω, πλοῦτον εἵματος κακόν·
παίω δέ νιν δίς, κἀν δυοῖν οἰμώγμαςιν
μεθῆκεν αὐτοῦ κῶλα, καὶ πεπτωκότι
τρίτην ἐπενδίδωμι, τοῦ κατὰ χθονὸς
Διὸς νεκρῶν ςωτῆρος εὐκταίαν χάριν.
οὕτω τὸν αὑτοῦ θυμὸν ὁρμαίνει πεςὼν
κἀκφυςιῶν ὀξεῖαν αἵματος ςφαγὴν
βάλλει μ' ἐρεμνῆι ψακάδι φοινίας δρόςου,

ΑΓΑΜΕΜΝΩΝ

χαίρουcαν οὐδὲν ἧccον ἢ διοcδότωι
γάνει cπορητὸc κάλυκοc ἐν λοχεύμαcιν.
ὡc ὧδ' ἐχόντων, πρέcβοc Ἀργείων τόδε,
χαίροιτ' ἄν, εἰ χαίροιτ', ἐγὼ δ' ἐπεύχομαι·
1395   εἰ δ' ἦν πρεπόντωc ὥcτ' ἐπιcπένδειν νεκρῶι,
τάδ' ἂν δικαίωc ἦν, ὑπερδίκωc μὲν οὖν·
τοcῶνδε κρατῆρ' ἐν δόμοιc κακῶν ὅδε
πλήcαc ἀραίων αὐτὸc ἐκπίνει μολών.

Χο.
θαυμάζομέν cου γλῶccαν, ὡc θραcύcτομοc,
1400   ἥτιc τοιόνδ' ἐπ' ἀνδρὶ κομπάζειc λόγον.

Κλ.
πειρᾶcθέ μου γυναικὸc ὡc ἀφράcμονοc,
ἐγὼ δ' ἀτρέcτωι καρδίαι πρὸc εἰδόταc
λέγω· cὺ δ' αἰνεῖν εἴτε με ψέγειν θέλειc,
ὁμοῖον· οὗτόc ἐcτιν Ἀγαμέμνων, ἐμὸc
1405   πόcιc, νεκρὸc δέ, τῆcδε δεξιᾶc χερὸc
ἔργον, δικαίαc τέκτονοc. τάδ' ὧδ' ἔχει.

Χο.
[cτρ. α   τί κακόν, ὦ γύναι,
χθονοτρεφὲc ἐδανὸν ἢ ποτὸν
παcαμένα ῥυτᾶc ἐξ ἁλὸc ὀρόμενον
τόδ' ἐπέθου θύοc, δημοθρόουc τ' ἀρὰc

1410

ἀπέδικες ἀπέταμες; ἀπόπολις δ' ἔσῃι,
μῖσος ὄβριμον ἀστοῖς.

Κλ.

νῦν μὲν δικάζεις ἐκ πόλεως φυγὴν ἐμοὶ
καὶ μῖσος ἀστῶν δημόθρους τ' ἔχειν ἀράς,
οὐδὲν τότ' ἀνδρὶ τῶιδ' ἐναντίον φέρων,

1415

ὃς οὐ προτιμῶν, ὡσπερεὶ βοτοῦ μόρον,
μήλων φλεόντων εὐπόκοις νομεύμασιν,
ἔθυσεν αὑτοῦ παῖδα, φιλτάτην ἐμοὶ
ὠδῖν', ἐπωιδὸν Θρηικίων ἀημάτων.
οὐ τοῦτον ἐκ γῆς τῆσδε χρῆν σ' ἀνδρηλατεῖν

1420

μιασμάτων ἄποιν'; ἐπήκοος δ' ἐμῶν
ἔργων δικαστὴς τραχὺς εἶ. λέγω δέ σοι
τοιαῦτ' ἀπειλεῖν ὡς παρεσκευασμένης
ἐκ τῶν ὁμοίων, χειρὶ νικήσαντ' ἐμοῦ
ἄρχειν· ἐὰν δὲ τοὔμπαλιν κραίνηι θεός,

1425

γνώσῃι διδαχθεὶς ὀψὲ γοῦν τὸ σωφρονεῖν.

Χο.

[ἀντ. α

μεγαλόμητις εἶ,
περίφρονα δ' ἔλακες· ὥσπερ οὖν
φονολιβεῖ τύχαι φρὴν ἐπιμαίνεται,
λίβος ἐπ' ὀμμάτων αἵματος ἐμπρέπει.
ἄντιτον ἔτι σε χρὴ στερομέναν φίλων

1430

τύμμα τύμματι τεῖσαι.

Κλ.

καὶ τήνδ᾽ ἀκούεις ὁρκίων ἐμῶν θέμιν·
μὰ τὴν τέλειον τῆς ἐμῆς παιδὸς Δίκην,
Ἄτην Ἐρινύν θ᾽, αἷσι τόνδ᾽ ἔσφαξ᾽ ἐγώ,
οὔ μοι φόβου μέλαθρον ἐλπὶς ἐμπατεῖ

1435   ἕως ἂν αἴθηι πῦρ ἐφ᾽ ἑστίας ἐμῆς
Αἴγισθος, ὡς τὸ πρόσθεν εὖ φρονῶν ἐμοί·
οὗτος γὰρ ἡμῖν ἀσπὶς οὐ σμικρὰ θράσους.
κεῖται γυναικὸς τῆσδ᾽ ὁ λυμαντήριος,
Χρυσηίδων μείλιγμα τῶν ὑπ᾽ Ἰλίωι,

1440   ἥ τ᾽ αἰχμάλωτος ἥδε καὶ τερασκόπος
καὶ κοινόλεκτρος τοῦδε, θεσφατηλόγος,
πιστὴ ξύνευνος, ναυτίλων δὲ σελμάτων
ἰσοτριβής· ἄτιμα δ᾽ οὐκ ἐπραξάτην,
ὁ μὲν γὰρ οὕτως, ἡ δέ τοι κύκνου δίκην

1445   τὸν ὕστατον μέλψασα θανάσιμον γόον
κεῖται φιλήτωρ τοῦδ᾽· ἐμοὶ δ᾽ ἐπήγαγεν
εὐνῆς παροψώνημα τῆς ἐμῆς χλιδῆι.

Χο.

[στρ. β   φεῦ, τίς ἂν ἐν τάχει μὴ περιώδυνος
            μηδὲ δεμνιοτήρης

1450   μόλοι τὸν ἀεὶ φέρουσ᾽ ἐν ἡμῖν
            μοῖρ᾽ ἀτέλευτον ὕπνον, δαμέντος
            φύλακος εὐμενεστάτου

πολλὰ τλάντος γυναικὸς διαί;
πρὸς γυναικὸς δ' ἀπέφθισεν βίον.

ἰώ

1455 παράνους Ἑλένα,
μία τὰς πολλάς, τὰς πάνυ πολλὰς
ψυχὰς ὀλέσας' ὑπὸ Τροίαι·
νῦν †δὲ τελείαν πολύμναστον ἐπηνθίσω†
1460 δι' αἷμ' ἄνιπτον. ἣ τις ἦν τότ' ἐν δόμοις
Ἔρις ἐρίδματος ἀνδρὸς οἰζύς.

Κλ.

μηδὲν θανάτου μοῖραν ἐπεύχου
τοῖσδε βαρυνθείς,
μηδ' εἰς Ἑλένην κότον ἐκτρέψηις
1465 ὡς ἀνδρολέτειρ', ὡς μία πολλῶν
ἀνδρῶν ψυχὰς Δαναῶν ὀλέσας'
ἀξύστατον ἄλγος ἔπραξεν.

Χο.

[ἀντ. β   δαῖμον, ὃς ἐμπίτνεις δώμασι καὶ διφυῖ
οισι Τανταλίδαισιν,
1470 κράτος ⟨τ'⟩ ἰσόψυχον ἐκ γυναικῶν
καρδιόδηκτον ἐμοὶ κρατύνεις·
ἐπὶ δὲ σώματος δίκαν
κόρακος ἐχθροῦ σταθεῖς' ἐκνόμως
ὕμνον ὑμνεῖν ἐπεύχεται ⟨   ⟩.

ΑΓΑΜΕΜΝΩΝ

Κλ.

1475
νῦν δ' ὤρθωςας ςτόματος γνώμην,
τὸν τριπάχυντον
δαίμονα γέννης τῆςδε κικλήςκων·
ἐκ τοῦ γὰρ ἔρως αἱματολοιχὸς
νείραι τρέφεται· πρὶν καταλῆξαι
1480
τὸ παλαιὸν ἄχος, νέος ἰχώρ.

Χο.

[ςτρ. γ
ἦ μέγαν †οἴκοις τοῖςδε†
δαίμονα καὶ βαρύμηνιν αἰνεῖς,
φεῦ φεῦ, κακὸν αἶνον ἀτη-
ρᾶς τύχας ἀκορέςτου,
1485
ἰὼ ἰή, διαὶ Διὸς
παναιτίου πανεργέτα·
τί γὰρ βροτοῖς ἄνευ Διὸς τελεῖται;
τί τῶνδ' οὐ θεόκραντόν ἐςτιν;

ἰὼ ἰὼ βαςιλεῦ βαςιλεῦ,
1490
πῶς ςε δακρύςω;
φρενὸς ἐκ φιλίας τί ποτ' εἴπω;
κεῖςαι δ' ἀράχνης ἐν ὑφάςματι τῶιδ'
ἀςεβεῖ θανάτωι βίον ἐκπνέων,
ὤμοι μοι, κοίταν τάνδ' ἀνελεύθερον,
1495
δολίωι μόρωι δαμεὶς
ἐκ χερὸς ἀμφιτόμωι βελέμνωι.

Κλ.

αὐχεῖς εἶναι τόδε τοὖργον ἐμόν,
τῆιδ' ἐπιλεχθείς,
Ἀγαμεμνονίαν εἶναί μ' ἄλοχον·
1500   φανταζόμενος δὲ γυναικὶ νεκροῦ
τοῦδ' ὁ παλαιὸς δριμὺς ἀλάστωρ
Ἀτρέως χαλεποῦ θοινατῆρος
τόνδ' ἀπέτεισεν
τέλεον νεαροῖς ἐπιθύσας.

Χο.

[ἀντ. γ   ὡς μὲν ἀναίτιος εἶ
1505   τοῦδε φόνου τίς ὁ μαρτυρήσων;
πῶ πῶ; πατρόθεν δὲ συλλή-
πτωρ γένοιτ' ἂν ἀλάστωρ·
βιάζεται δ' ὁμοσπόροις
1510   ἐπιρροαῖσιν αἱμάτων
μέλας Ἄρης, ὅποι δίκαν προβαίνω^ν
πάχναι κουροβόρωι παρέξει.
ἰὼ ἰὼ βασιλεῦ βασιλεῦ,
πῶς σε δακρύσω;
1515   φρενὸς ἐκ φιλίας τί ποτ' εἴπω;
κεῖσαι δ' ἀράχνης ἐν ὑφάσματι τῶιδ'
ἀσεβεῖ θανάτωι βίον ἐκπνέων,
ὤμοι μοι, κοίταν τάνδ' ἀνελεύθερον,
δολίωι μόρωι δαμεὶς
1520   ἐκ χερὸς ἀμφιτόμωι βελέμνωι.

ΑΓΑΜΕΜΝΩΝ

Κλ.

οὔτ' ἀνελεύθερον οἶμαι θάνατον
τῶιδε γενέςθαι ⟨   ⟩
⟨   ⟩
οὐδὲ γὰρ οὗτος δολίαν ἄτην
οἴκοιςιν ἔθηκ';

1525 ἀλλ' ἐμὸν ἐκ τοῦδ' ἔρνος ἀερθὲν
τὴν πολυκλαύτην
Ἰφιγένειαν ἀνάξια δράςας
ἄξια πάςχων μηδὲν ἐν Ἅιδου
μεγαλαυχείτω, ξιφοδηλήτωι
θανάτωι τείςας ἅπερ ἦρξεν.

Χο.

[ςτρ. δ   ἀμηχανῶ φροντίδος ϲτερηθεὶς
1531 εὐπάλαμον μέριμναν
ὅπαι τράπωμαι πίτνοντος οἴκου.
δέδοικα δ' ὄμβρου κτύπον δομοςφαλῆ
τὸν αἱματηρόν· ψακὰς δὲ λήγει.

1535 Δίκα δ' ἐπ' ἄλλο πρᾶγμα θήγεται βλάβας
πρὸς ἄλλαις θηγάναιςι Μοίρας.

ἰὼ γᾶ γᾶ, εἴθε μ' ἐδέξω
πρὶν τόνδ' ἐπιδεῖν ἀργυροτοίχου
1540 δροίτας κατέχοντα χάμευναν.
τίς ὁ θάψων νιν; τίς ὁ θρηνήςων;
ἦ ϲὺ τόδ' ἔρξαι τλήςηι, κτείνας'

184

ἄνδρα τὸν αὐτῆς ἀποκωκῦσαι
1545 ψυχῆι τ᾽ ἄχαριν χάριν ἀντ᾽ ἔργων
μεγάλων ἀδίκως ἐπικρᾶναι;
τίς δ᾽ ἐπιτύμβιον αἶνον ἐπ᾽ ἀνδρὶ θείωι
cὺν δακρύοις ἰάπτων
1550 ἀληθείαι φρενῶν πονήcει;

Κλ.

οὐ cὲ προcήκει τὸ μέλημ᾽ ἀλέγειν
τοῦτο· πρὸc ἡμῶν
κάππεcε κάτθανε, καὶ καταθάψομεν,
οὐχ ὑπὸ κλαυθμῶν τῶν ἐξ οἴκων,
1555 ἀλλ᾽ Ἰφιγένειά νιν ἀcπαcίωc
θυγάτηρ, ὡc χρή,
πατέρ᾽ ἀντιάcαcα πρὸc ὠκύπορον
πόρθμευμ᾽ ἀχέων
περὶ χεῖρα βαλοῦcα φιλήcει.

Χο.

[ἀντ. δ   ὄνειδοc ἥκει τόδ᾽ ἀντ᾽ ὀνείδουc,
1561   δύcμαχα δ᾽ ἐcτὶ κρῖναι.
   φέρει φέροντ᾽, ἐκτίνει δ᾽ ὁ καίνων·
   μίμνει δὲ μίμνοντοc ἐν θρόνωι Διὸc
   παθεῖν τὸν ἔρξαντα· θέcμιον γάρ.
1565   τίc ἂν γονὰν ἀραῖον ἐκβάλοι δόμων;
   κεκόλληται γένοc πρὸc ἄται.

ΑΓΑΜΕΜΝΩΝ

Κλ.

ἐς τόνδ' ἐνέβης ξὺν ἀληθείαι
χρησμόν· ἐγὼ δ' οὖν
ἐθέλω δαίμονι τῶι Πλεισθενιδᾶν
1570 ὅρκους θεμένη τάδε μὲν στέργειν
δύστλητά περ ὄνθ', ὃ δὲ λοιπόν, ἰόντ'
ἐκ τῶνδε δόμων ἄλλην γενεὰν
τρίβειν θανάτοις αὐθένταισιν·
κτεάνων δὲ μέρος βαιὸν ἐχούσηι
1575 πᾶν ἀπόχρη μοι, μανίας μελάθρων
ἀλληλοφόνους ἀφελούσηι.

ΑΙΓΙΣΘΟΣ

ὦ φέγγος εὖφρον ἡμέρας δικηφόρου·
φαίην ἂν ἤδη νῦν βροτῶν τιμαόρους
θεοὺς ἄνωθεν γῆς ἐποπτεύειν ἄχη,
1580 ἰδὼν ὑφαντοῖς ἐν πέπλοις Ἐρινύων
τὸν ἄνδρα τόνδε κείμενον φίλως ἐμοί,
χερὸς πατρώιας ἐκτίνοντα μηχανάς.
Ἀτρεὺς γὰρ ἄρχων τῆσδε γῆς, τούτου πατήρ,
πατέρα Θυέστην τὸν ἐμόν, ὡς τορῶς φράσαι,
1585 αὐτοῦ δ' ἀδελφόν, ἀμφίλεκτος ὢν κράτει,
ἠνδρηλάτησεν ἐκ πόλεώς τε καὶ δόμων·
καὶ προστρόπαιος ἑστίας μολὼν πάλιν
τλήμων Θυέστης μοῖραν ηὗρετ' ἀσφαλῆ,
τὸ μὴ θανὼν πατρῷον αἱμάξαι πέδον
1590 αὐτοῦ· ξένια δὲ τοῦδε δύσθεος πατὴρ

Ἀτρεύς, προθύμως μᾶλλον ἢ φίλως, πατρὶ
τὠμῶι, κρεουργὸν ἦμαρ εὐθύμως ἄγειν
δοκῶν, παρέςχε δαῖτα παιδείων κρεῶν.
τὰ μὲν ποδήρη καὶ χερῶν ἄκρους κτένας
1595 †ἔθρυπτ' ἄνωθεν ἀνδρακὰς καθήμενος
ἄςημα δ'† αὐτῶν αὐτίκ' ἀγνοίαι λαβὼν
ἔςθει, βορὰν ἄςωτον, ὡς ὁρᾶις, γένει.
κἄπειτ' ἐπιγνοὺς ἔργον οὐ καταίςιον
ὤιμωξεν, ἀμπίπτει δ' ἀπὸ ςφαγὴν ἐρῶν,
1600 μόρον δ' ἄφερτον Πελοπίδαις ἐπεύχεται
λάκτιςμα δείπνου ξυνδίκως τιθεὶς ἀρᾶι,
οὕτως ὀλέςθαι πᾶν τὸ Πλειςθένους γένος.
ἐκ τῶνδέ ςοι πεςόντα τόνδ' ἰδεῖν πάρα·
κἀγὼ δίκαιος τοῦδε τοῦ φόνου ῥαφεύς·
1605 τρίτον γὰρ ὄντα μ' †ἐπὶ δέκ'† ἀθλίωι πατρὶ
ςυνεξελαύνει τυτθὸν ὄντ' ἐν ςπαργάνοις,
τραφέντα δ' αὖθις ἡ Δίκη κατήγαγεν,
καὶ τοῦδε τἀνδρὸς ἡψάμην θυραῖος ὤν,
πᾶςαν ξυνάψας μηχανὴν δυςβουλίας.
1610 οὕτω καλὸν δὴ καὶ τὸ κατθανεῖν ἐμοί,
ἰδόντα τοῦτον τῆς Δίκης ἐν ἕρκεςιν.

Χο.
Αἴγιςθ', ὑβρίζοντ' ἐν κακοῖςιν οὐ ςέβω·
ςὺ δ' ἄνδρα τόνδε φὴις ἑκὼν κατακτανεῖν,
μόνος δ' ἔποικτον τόνδε βουλεῦςαι φόνον·

ΑΓΑΜΕΜΝΩΝ

1615
οὔ φημ' ἀλύξειν ἐν δίκηι τὸ σὸν κάρα
δημορριφεῖς, cάφ' ἴcθι, λευcίμους ἀράς.

Αι.
cὺ ταῦτα φωνεῖς, νερτέραι προcήμενος
κώπηι, κρατούντων τῶν ἐπὶ ζυγῶι δορός;
γνώcηι γέρων ὢν ὡς διδάcκεcθαι βαρὺ

1620
τῶι τηλικούτωι, cωφρονεῖν εἰρημένον·
δεcμὸν δὲ καὶ τὸ γῆρας αἵ τε νήcτιδες
δύαι διδάcκειν ἐξοχώταται φρενῶν
ἰατρομάντεις. οὐχ ὁρᾶις ὁρῶν τάδε;
πρὸς κέντρα μὴ λάκτιζε, μὴ παίcας μογῆις.

Χο.
1625
γύναι, cὺ τοὺς ἥκοντας ἐκ μάχης μένων
οἰκουρὸς εὐνὴν ἀνδρὸς αἰcχύνων ἅμα
ἀνδρὶ cτρατηγῶι τόνδ' ἐβούλευcας μόρον;

Αι.
καὶ ταῦτα τἄπη κλαυμάτων ἀρχηγενῆ·
Ὀρφεῖ δὲ γλῶccαν τὴν ἐναντίαν ἔχεις·

1630
ὁ μὲν γὰρ ἦγε πάντ' ἀπὸ φθογγῆς χαρᾶι,
cὺ δ' ἐξορίνας νηπίοις ὑλάγμαcιν
ἄξηι· κρατηθεὶς δ' ἡμερώτερος φανῆι.

Χο.
ὡς δὴ cύ μοι τύραννος Ἀργείων ἔcηι,

188

ὃς οὐκ, ἐπειδὴ τῶιδ' ἐβούλευcας μόρον,
1635   δρᾶcαι τόδ' ἔργον οὐκ ἔτλης αὐτοκτόνωc.

Αι.

τὸ γὰρ δολῶcαι πρὸc γυναικὸc ἦν cαφῶc,
ἐγὼ δ' ὕποπτος ἐχθρὸc ἦ παλαιγενής.
ἐκ τῶν δὲ τοῦδε χρημάτων πειράcομαι
ἄρχειν πολιτῶν· τὸν δὲ μὴ πειθάνορα
1640   ζεύξω βαρείαιc, οὔ τι μὴ cειραφόρον
κριθῶντα πῶλον, ἀλλ' ὁ δυcφιλὴc cκότωι
λιμὸc ξύνοικος μαλθακόν cφ' ἐπόψεται.

Χο.

τί δὴ τὸν ἄνδρα τόνδ' ἀπὸ ψυχῆc κακῆc
οὐκ αὐτὸc ἠνάριζεc, ἀλλὰ cὺν γυνή,
1645   χώρας μίαcμα καὶ θεῶν ἐγχωρίων,
ἔκτειν'; Ὀρέcτηc ἆρά που βλέπει φάοc,
ὅπωc κατελθὼν δεῦρο πρευμενεῖ τύχηι
ἀμφοῖν γένηται τοῖνδε παγκρατὴc φονεύc.

Αι.

ἀλλ' ἐπεὶ δοκεῖc τάδ' ἔρδειν καὶ λέγειν, γνώcηι τάχα.

Χο.

1650   εἶα δή, φίλοι λοχῖται, τοὔργον οὐχ ἑκὰc τόδε.

ΑΓΑΜΕΜΝΩΝ

189

Αι.

εἶα δή, ξίφος πρόκωπον πᾶς τις εὐτρεπιζέτω.

Χο.

ἀλλὰ κἀγὼ μὴν †πρόκωπος† οὐκ ἀναίνομαι θανεῖν.

Αι.

δεχομένοις λέγεις θανεῖν γε, τὴν τύχην δ' αἱρούμεθα.

Κλ.

μηδαμῶς, ὦ φίλτατ' ἀνδρῶν, ἄλλα δράσωμεν κακά·
1655 ἀλλὰ καὶ τάδ' ἐξαμῆσαι πολλά, δύστηνον θέρος.
πημονῆς δ' ἅλις γ' ὑπάρχει· μηδὲν αἱματώμεθα.
†στείχετε δ' οἱ γέροντες πρὸς δόμους πεπρωμένους τούσδε†
πρὶν παθεῖν ἔρξαντα †καιρὸν χρῆν† τάδ' ὡς ἐπράξαμεν.
εἰ δέ τοι μόχθων γένοιτο τῶνδ' †ἅλις γ' ἐχοίμεθ' ἄν†
1660 δαίμονος χηλῆι βαρείαι δυστυχῶς πεπληγμένοι.
ὧδ' ἔχει λόγος γυναικός, εἴ τις ἀξιοῖ μαθεῖν.

Αι.

ἀλλὰ τούσδ' ἐμοὶ ματαίαν γλῶσσαν ὧδ' †ἀπανθίσαι†
κἀκβαλεῖν ἔπη τοιαῦτα δαίμονος πειρωμένους,
σώφρονος γνώμης δ' ἁμαρτεῖν τὸν κρατοῦντα ⟨　　　⟩.

Χο.

1665 οὐκ ἂν Ἀργείων τόδ' εἴη, φῶτα προσσαίνειν κακόν.

Αι.

ἀλλ' ἐγώ c' ἐν ὑcτέραιcιν ἡμέραιc μέτειμ' ἔτι.

Χο.

οὔκ, ἐὰν δαίμων 'Ορέcτην δεῦρ' ἀπευθύνηι μολεῖν.

Αι.

οἶδ' ἐγὼ φεύγοντας ἄνδρας ἐλπίδας cιτουμένους.

Χο.

πρᾶccε, πιαίνου, μιαίνων τὴν δίκην, ἐπεὶ πάρα.

Αι.

1670   ἴcθι μοι δώcων ἄποινα τῆcδε μωρίας χάριν.

Χο.

κόμπαcον θαρcῶν, ἀλέκτωρ ὥcτε θηλείας πέλας.

Κλ.

μὴ προτιμήcηιc ματαίων τῶνδ' ὑλαγμάτων· ⟨ἐγὼ⟩
καὶ cὺ θήcομεν κρατοῦντε τῶνδε δωμάτων ⟨καλῶc⟩.

COLEÇÃO SIGNOS

1. *Panaroma do Finnegans Wake* • James Joyce (Augusto e Haroldo de Campos, orgs.) 2. *Mallarmé* • Augusto e Haroldo de Campos e Décio Pignatari 3. *Prosa do Observatório* • Julio Cortázar (Trad. de Davi Arrigucci Júnior) 4. *Xadrez de Estrelas* • Haroldo de Campos 5. *Ka* • Velimir Khlébnikov (Trad. e notas de Aurora F. Bernardini) 6. *Verso, Reverso, Controverso* • Augusto de Campos 7. *Signantia Quasi Coelum: Signância Quase Céu* • Haroldo de Campos 8. *Dostoiévski: Prosa Poesia* • Boris Schnaiderman 9. *Deus e o Diabo no Fausto de Goethe* • Haroldo de Campos 10. *Maiakóvski – Poemas* • Boris Schnaiderman, Augusto e Haroldo de Campos 11. *Osso a Osso* • Vasko Popa (Trad. e Notas de Aleksandar Jovanovic) 12. *O Visto e o Imaginado* • Affonso Ávila 13. *Qohélet/o-que-sabe – Poema Sapiencial* • Haroldo de Campos 14. *Rimbaud Livre* • Augusto de Campos 15. *Nada Feito Nada* • Frederico Barbosa 16. *Bere'shith – A Cena da Origem* • Haroldo de Campos 17. *Despoesia* • Augusto de Campos 18. *Primeiro Tempo* • Régis Bonvicino 19. *Oriki Orixá* • Antonio Risério 20. *Hopkins: A Beleza Difícil* • Augusto de Campos 21. *Um Encenador de Si Mesmo: Gerald Thomas* • Silvia Fernandes e J. Guinsburg (orgs.) 22. *Três Tragédias Gregas* • Guilherme de Almeida e Trajano Vieira 23. *2 ou + Corpos no mesmo Espaço* • Arnaldo Antunes 24. *Crisantempo* • Haroldo de Campos 25. *Bissexto Sentido* • Carlos Ávila 26. *Olho-de-Corvo* • Yi Sán[g] (Yun Jung Im, org.) 27. *A Espreita* • Sebastião Uchôa Leite 28. *A Poesia Árabe-Andaluza: Ibn Quzman de Córdova* • Michel Sleiman 29. *Murilo Mendes: Ensaio Crítico, Antologia e Correspondência* • Laís Corrêa de Araújo 30. *Coisas e Anjos de Rilke* • Augusto de Campos 31. *Édipo Rei de Sófocles* • Trajano Vieira 32. *A Lógica do Erro* • Affonso Ávila 33. *Poesia Russa Moderna* • Augusto e Haroldo de Campos e B. Schnaiderman 34. *ReVisão de Sousândrade* • Augusto e Haroldo de Campos 35. *Não* • Augusto de Campos 36. *As Bacantes de Eurípides* • Trajano Vieira 37. *Fracta: Antologia Poética* • Horácio Costa 38. *Éden: Um Tríptico Bíblico* • Haroldo de Campos 39. *Algo : Preto* • Jacques Roubad 40. *Figuras Metálicas* • Claudio Daniel 41. *Édipo em Colono de Sófocles* • Trajano Vieira 42. *Poesia da Recusa* • Augusto de Campos 43. *Sol Sobre Nuvens* • Josely Vianna Baptista 44. *Poemas-Estalagtites* • August Stramm 45. *Céu Acima: Um Tombeau para Haroldo de Campos* • Leda Tenório Motta (org.) 46. *Agamêmnon de Ésquilo* • Trajano Vieira 47. *Escreviver* • José Lino Grünewald (José Guilherme Correa, org.) 48. *Entremilênios* • Haroldo de Campos 49. *Antígone de Sófocles* • Trajano Vieira 50. *Guenádi Aigui: Silêncio e Clamor* • Boris Scnhnaiderman e Jerusa Pires Ferreira (orgs.) 51. *Poeta Poente* • Affonso Ávila 52. *Lisístrata e Tesmoforiantes de Aristófanes* • Trajano Vieira 53. *Heine, Hein? Poeta dos Contrários* • André Vallias 54. *Profilogramas* • Augusto de Campos 55. *Os Persas de Ésquilo* • Trajano Vieira 56. *Outro* • Augusto de Campos 57. *Lírica Grega, Hoje* • Trajano Vieira

Impresso na cidade de Cotia,
nas oficinas da Meta Brasil,
para a Editora Perspectiva.